La voie éternelle

La voie éternelle

Un guide pour chaque étape de l'évolution spirituelle

Swami Ramakrishnananda Puri

Mata Amritanandamayi Center, P.O. Box 613,
San Ramon, CA 94583, États-Unis

La voie éternelle
Un guide pour chaque étape de l'évolution spirituelle
Swami Ramakrishnananda Puri

Publié par :
Mata Amritanandamayi Center
P.O. Box 613
San Ramon, CA 94583
États-Unis

——————— *The Timeless Path (French)* ———————

En France :
www.ammafrance.org

En Inde :
www.amritapuri.org
inform@amritapuri.org

Dédicace

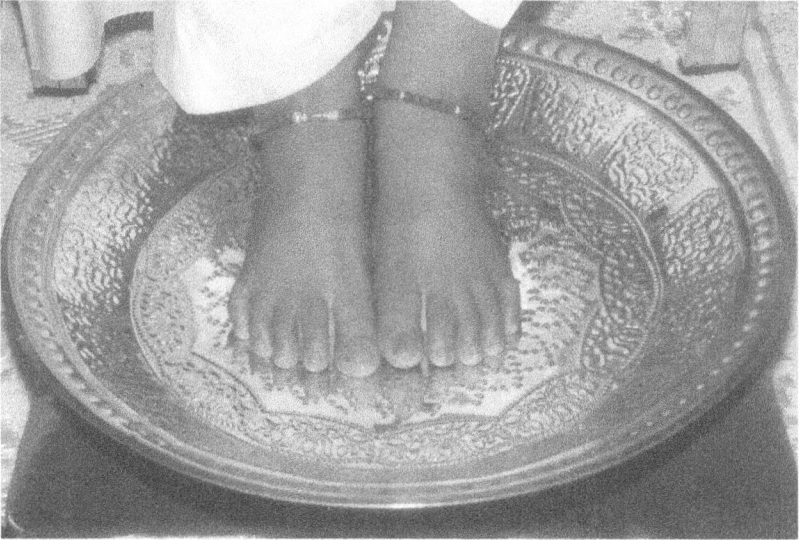

J'offre humblement ce livre aux pieds sacrés de
mon sadguru, Sri Mata Amritanandamayi.

Table des matières

Préface

Ô Déesse, guide-moi, je t'en prie, sur la voie éternelle
Jusqu'à ce que je vive en ta présence.
Toi qui enchantes l'univers, ne cesse jamais de me guider.
Les mains jointes, je me prosterne devant toi,
Ô incarnation de la Conscience, de
l'Existence et de la Béatitude.

Extrait d'un chant composé par Amma
« *En Mahadevi Lokeshi Bhairavi* »

On parle souvent de *voie* spirituelle. Où cette voie commence-t-elle et où finit-elle ? Où conduit-elle ? Et qui, au juste, l'établit ? Est-ce le chercheur, tel un pionnier solitaire, qui la trace lui-même à coups de machette dans la jungle ? Ou bien, a-t-elle été déjà balisée par les maîtres du passé ? Y a-t-il plusieurs voies ou bien une seule ? Et, en ce qui nous concerne, nous qui sommes enfants d'Amma, sur quelle voie nous conduit-elle ? Toutes ces questions sont essentielles pour qui considère la vie spirituelle comme un voyage.

Dans le chant placé en tête de cette préface, Amma prie *Devi* de la guider sur *sasvata marga*. *Sasvata* signifie « éternel » et *marga* « voie ». Cependant, ne croyons pas que « voie éternelle » signifie « voie sans fin ». Ce qu'Amma veut dire, c'est que cette voie est immuable, qu'elle est la même à chaque génération et à chaque cycle de la création.

Sanatana Dharma, autre nom, fréquemment utilisé, de l'hindouisme, signifie « le chemin éternel de la vie.» Ce nom vient des Védas, textes anciens qui décrivent le chemin spirituel, dont on dit qu'ils sont *anadi* (sans commencement) et *ananta* (sans fin). Les Védas n'ont pas été élaborés par des humains. Ils font à jamais partie de l'univers et sont, suivant une formule poétique, « le souffle de Dieu.» Ils ne sont pas réécrits au début de chaque nouveau cycle de création, ils « surgissent » simplement dans l'esprit de saints et de sages. Ces hommes et ces femmes ont un mental si pur que les mantras védiques leur apparaissent et que la vérité se révèle à eux. C'est comme s'ils les lisaient écrits sur le vent. Ces hommes et ces femmes transmettent les Védas à des disciples. Et la transmission continue de génération en génération, créant une lignée infinie.

Dans ce livre, nous allons explorer cette Voie éternelle et en examiner les principaux tours et détours. Nous verrons aussi que, en dépit du fait qu'elle n'a jamais étudié les textes sacrés, Amma nous fait suivre une voie identique à celle décrite dans les Védas et reformulée ultérieurement dans des textes traditionnels comme la Bhagavad Gita. A un journaliste qui lui demandait de définir son enseignement, voici ce qu'Amma a répondu : « Ma voie est celle de Sri Krishna[1], elle n'a rien de différent.»

Au cours de notre lecture, nous verrons que, contrairement à une opinion répandue, les diverses voies, comme le *karma yoga,* la méditation, le *jnana yoga*, etc., ne sont en fait que des aspects différents d'une seule et même voie. Amma cite souvent cette comparaison : «*Karma*, l'action, *jnana*, la connaissance, et *bhakti*, la dévotion, sont tous importants. Si la dévotion et l'action sont les deux ailes d'un oiseau, la connaissance en est la queue. Les trois lui sont nécessaires pour s'envoler dans le ciel.» Le yoga de l'action et les pratiques comme la méditation le propulsent en avant, tandis que la sagesse transmise par les maîtres spirituels lui donne la bonne direction.

Comme tout sage ayant une claire vision de la spiritualité,

---

[1] Ce qu'on appelle « la voie de Krishna » telle qu'elle est présentée dans la Bhagavad Gita est une récapitulation de la voie védique.

Amma accepte toutes les religions. Elle considère que les pratiques de chacune d'elles s'inscrivent dans le grand plan de la Voie unique. Comme elle l'a affirmé à New York en 2000, lors du Parlement des religions : « Toutes les religions ont pour but de purifier le mental humain.»

Les hindous ont une méthode pour purifier le mental, les bouddhistes en ont une autre, de même que les chrétiens, les juifs, les jaïns, les musulmans, etc. Le *Sanatana Dharma* les accepte toutes. Mais une fois que le mental est purifié, le chercheur spirituel doit transcender sa pratique quelle qu'elle soit et comprendre quelle est sa vraie nature. C'est seulement alors qu'il arrive à la fin de son parcours sur la voie éternelle. Après tout, on dit de l'ignorance qu'elle n'a pas de commencement, comme on le dit des Védas et des diverses voies qu'ils énumèrent, mais que, contrairement à ces derniers, elle a une fin. Elle cesse quand le chercheur découvre avec félicité que la seule réalité éternelle n'est autre que son propre Soi.

Sri Mata Amritanandamayi Devi

« Tant que ses mains auront la force de se tendre vers ceux qui viennent à elle, de se poser sur l'épaule d'un homme ou d'une femme qui pleure, Amma continuera à donner le darshan. Le désir d'Amma est de caresser les gens, de les consoler et d'essuyer leurs larmes tant que durera son enveloppe mortelle. »

– Amma

Grâce à ses extraordinaires actes d'amour et de sacrifice de soi, Mata Amritanandamayi Devi, ou Amma (Mère) comme on l'appelle d'habitude, est devenue chère à des millions de gens dans le monde. Elle caresse, avec tendresse, toute personne qui vient à elle et la serre affectueusement sur son cœur. Amma répand son amour infini sur tous, sans se préoccuper de leurs croyances, de leur milieu social, ni de la raison qui les a amenés à elle. Par ce moyen, simple mais puissant, Amma transforme la vie d'un nombre incalculable de personnes et aide leur cœur à s'épanouir. En 37 ans, Amma a étreint plus de 29 millions de personnes, issues de toutes les parties du monde.

Son dévouement inlassable est à l'origine d'un vaste réseau d'activités caritatives qui permet à ses participants de trouver une source de paix et d'épanouissement dans le service désintéressé. Amma enseigne que le Divin est présent en toute chose, vivante ou inanimée. Cette vérité constitue l'essence de la spiritualité ; c'est le moyen de mettre fin à toute souffrance.

L'enseignement d'Amma est universel. Quand on lui demande quelle est sa religion, elle répond que c'est l'Amour. Elle ne demande à personne de croire en Dieu ou de changer de religion ; elle nous demande simplement de chercher à connaître notre nature réelle et d'avoir foi en nous-mêmes.

Chapitre un

Pourquoi les gens viennent-ils voir Amma ?

« Pour vivre et se développer, le corps doit être nourri
convenablement. Pour s'épanouir, l'âme, elle, a besoin
d'amour. L'amour est encore plus nourrissant pour
l'âme que ne l'est le lait maternel pour le bébé. »

– Amma

Si vous assistez à un programme d'Amma, la première chose qui vous frappera sera la diversité des personnes présentes. Vous verrez des gens de tous pays, de toutes religions, de tous milieux socioprofessionnels. Certains suivent une voie spirituelle depuis des dizaines d'années, d'autres n'ont jamais ouvert un livre spirituel de leur vie. Certains recherchent l'aide d'Amma car ils souffrent mentalement ou physiquement. D'autres sont juste curieux. Ils ont lu un article de journal ou vu une émission sur Amma et veulent simplement se faire une idée de cette « sainte qui étreint les gens ». Et vous trouverez aussi des chercheurs spirituels, confirmés ou débutants, qui sont convaincus qu'Amma, maître spirituel éveillé, peut les mener au but ultime de toute vie humaine : la réalisation du Soi.

La majorité des gens viennent voir Amma parce qu'ils ont un problème et espèrent qu'elle pourra le résoudre. Krishna, dans la Bhagavad Gita, appelle « *artas* » les dévots qui cherchent ainsi à être secourus dans la difficulté. C'est à eux qu'Amma s'adresse au début de la plupart de ses discours : « Amma sait bien que quatre-vingt dix des gens souffrent physiquement ou moralement.

Certains n'ont pas de travail. D'autres en ont un mais manquent quand même d'argent. D'autres encore n'arrivent pas à trouver un parti convenable pour leur fille. Certains sont en plein procès, d'autres souffrent d'une maladie incurable. Certains n'ont pas de quoi s'acheter une maison, d'autres n'arrivent pas à vendre la leur...» Amma dit qu'il ne sert à rien de se faire du souci, que c'est aussi vain que de se contenter de pleurer en contemplant une blessure. Cela ne fait qu'aggraver la situation. La seule chose à faire c'est de soigner la plaie. Elle leur conseille de tout mettre en œuvre pour résoudre leur problème puis de confier leur fardeau à Dieu et de s'en remettre à sa volonté.

En fait, la plupart du temps, ces gens voient leurs difficultés se résoudre d'une manière ou d'une autre. Des femmes, qui n'avaient jamais réussi à avoir d'enfants, se retrouvent tout à coup enceintes. Des gens embarqués dans un procès voient la balance pencher en leur faveur. Certains soucis financiers s'allègent et même, parfois, des maladies s'atténuent, voire guérissent. Amma nie toute responsabilité dans ces dénouements heureux. Elle les attribue à Dieu et à la foi des personnes exaucées.

Il en va de même pour ceux que Krishna appelle les « *arthar-this.*» Ceux-ci ne viennent pas chercher du secours auprès d'Amma mais de l'aide pour réaliser des désirs matériels : « Amma, aide-moi à entrer à l'université ! », « Amma, s'il te plaît, fais prospérer mon entreprise ! », « Amma, fais que j'obtienne mon visa ! ». « Fais que mon livre soit édité ! » Les « *arthartis* » considèrent qu'Amma canalise la grâce divine et ils lui confient tous leurs désirs. Dans ce cas également, nous les voyons revenir la semaine, le mois ou l'année qui suivent. Avec un grand sourire, ils remercient Amma d'avoir exaucé leurs prières.

Comment cela se fait-il ? Dans les Védas, il est fortement recommandé d'aller voir un mahatma pour obtenir la réalisation de ses désirs.

yaṁ yaṁ lokaṁ manasā saṁvibhāti
viśuddha-sattvaḥ kāmayate yāṁśca kāmān |
taṁ taṁ lokaṁ jayate tāṁśca kāmāṁstasmād-
ātma-jñāṁ hyarcayedbhūti-kāmaḥ ||

« L'homme au mental pur voit se réaliser ce qu'il souhaite mentalement et obtient les choses agréables qu'il désire. En conséquence, que ceux qui aspirent à la prospérité vénèrent celui qui connaît le Soi. »

Mundaka Upanishad 3.1.10

Cela revient à dire qu'un mahatma peut obtenir tout ce qu'il « veut » grâce au pouvoir de son *sankalpa* (décision créatrice). Cependant, l'expression « au mental pur » employée dans le texte signifie un mental purifié de tout désir. Cela implique que, n'ayant aucun désir personnel, le mahatma est heureux d'accueillir et d'exaucer ceux qui viennent lui demander quelque chose.

Cela ne veut pas dire que chacun voit ses désirs se réaliser. Le *prarabdha karma* (destin résultant d'actions passées) joue aussi un rôle certain dans ce domaine. Mais Amma est une mère et une mère veut que ses enfants soient heureux, n'est-ce pas ? Si vous lui demandez d'accomplir l'un de vos désirs, à condition que cela ne nuise à personne et qu'il soit conforme au *dharma* (vertu), vous pouvez être sûr qu'elle fera tout son possible pour vous aider, soit par l'intermédiaire de ses œuvres humanitaires, soit par des conseils, soit par son pouvoir.

Certains trouvent peut-être incorrect d'aller voir Amma avec des motifs aussi bassement matériels. Cependant, dans la Gita, Krishna considère les *artas* et les *artharthis* comme des gens honorables. Il dit que le fait même qu'ils se tournent vers Dieu pour trouver du secours ou accomplir un désir matériel prouve qu'ils ont réalisé beaucoup de bonnes actions dans cette vie-ci ou dans des vies passées. Mais, s'il est bon d'avoir cette mentalité au début de sa vie, il ne faut pas en rester là, disent les Écritures. Ce genre de dévotion a ses limites, elle manque, en particulier de constance. Il est rare que les gens reviennent quand leurs prières n'ont pas été exaucées. Et même quand ils ont obtenu ce qu'ils voulaient, ils retournent en général à leur vie ordinaire et oublient Amma (du moins jusqu'au problème suivant). Il faut donc s'efforcer d'évoluer et de rechercher ce qu'Amma a de plus précieux à nous offrir.

Cela nous amène à la troisième catégorie de personnes qui viennent voir Amma : les *jijnasus*, les chercheurs de connaissance. Le *jijnasu* est un fidèle d'un autre calibre. Il a compris que, même si un problème est résolu, il y en aura d'autres. Il a également compris que les satisfactions qu'offre le monde sont limitées. En Amma, il voit un *satguru*, un maître éveillé, grâce auquel il peut atteindre une paix et un bonheur non plus provisoires mais définitifs.

En fait, d'après les textes sacrés, en matière de dévotion, on commence toujours par être un *arta,* puis on devient un *artharthi* et enfin un *jijnasu*[1]. Un dévot passe par ces différents stades de compréhension et d'objectif. Certaines personnes sont déjà passées par les premières étapes de ce parcours lors de vies antérieures et peuvent d'emblée se situer en chercheurs spirituels dans leur relation avec Amma. D'autres connaîtront cette évolution au cours de cette vie-ci tandis que d'autres encore devront attendre une vie future.

En approfondissant davantage, nous nous apercevons que, parmi les personnes venues voir Amma avec un objectif matériel, certaines se découvrent un intérêt spirituel à l'issue de leur tout premier *darshan.* Ceci est dû à un *samskara* (une inclination

---

[1] Il est dit qu'il vaut mieux être un *artharthi* qu'un *arti* car le premier cherche Dieu chaque fois qu'il désire quelque chose, donc souvent, tandis que le second ne pense à Dieu qu'en cas de problème.

subconsciente pour la spiritualité, héritée de vies antérieures) qui n'attendait pour s'éveiller que le geste, la parole, ou le regard d'un mahatma. Cela semble plutôt mystique mais ce genre de phénomène s'observe aussi dans des domaines qui n'ont rien à voir avec la spiritualité. De nombreuses passions d'écrivain, de musicien, d'athlète ou de scientifique naissent à l'occasion d'une rencontre : avec un roman, un morceau de musique ou un entraineur, etc., alors qu'elles étaient restées ignorées auparavant. Et ensuite, rien ni personne ne peuvent les arrêter.

La première fois que je suis venu voir Amma, je n'éprouvais aucun intérêt pour la spiritualité. Ayant été élevé dans une famille de brahmanes orthodoxes, j'étais quelqu'un de « religieux ». Je pratiquais *sandhya vandanam*[2] et j'observais les règles de l'orthodoxie hindoue. Mais ces rituels n'étaient pour moi qu'un moyen d'obtenir la réalisation de mes désirs matériels. J'aurais voulu être médecin mais, ayant raté de très peu l'examen d'entrée à la faculté de médecine, j'avais renoncé à mon rêve et je venais de trouver un emploi dans une banque. Je m'étais retrouvé dans la succursale d'une petite ville nommée Haripad. J'étais très contrarié, non seulement parce que cela n'avait rien de médical, mais aussi parce qu'il me fallait travailler dans un trou perdu où il n'y avait même pas, à cette époque, de restaurant convenable !

Mon plus cher désir était d'être muté dans une grande ville, n'importe laquelle. Quand j'ai entendu parler d'Amma, dont l'ashram est situé à 28 km de Haripad, je me suis dit qu'elle pourrait peut-être, par magie, me faire obtenir une mutation. C'est ainsi qu'un beau jour, j'ai pris le bus pour Parayakadavu et je suis allé au *darshan* d'Amma.

Quand je suis arrivé, Amma était en *Krishna Bhava*[3]. Le

---

[2] Prières et prosternations rituelles au lever et au coucher du soleil.

[3] Un darshan particulier dans lequel Amma adopte le costume et le comportement de Sri Krishna.

temple familial où Amma donnait son *darshan* était tout à côté de l'étable. En voyant Amma habillée en Krishna, j'ai eu un doute. Néanmoins, j'ai ressenti une grande paix. Je suis allé au *darshan* et, avant même que je n'ouvre la bouche, Amma m'a dit : « Oh, tu as un problème dans ton travail. » Elle m'a ensuite tendu une poignée de petites fleurs rouges et a ajouté que je devrais en offrir 48 à Devi quand elle sortirait plus tard ce soir-là en *Devi Bhava*[4]. A ma grande surprise, en comptant les fleurs qu'Amma m'avait données, j'ai découvert qu'il y en avait *exactement* 48.

A cette époque-là, quand Amma sortait en *Devi Bhava*, elle commençait par danser devant le temple. C'est donc pendant qu'elle dansait que je lui ai offert les fleurs comme elle me l'avait indiqué. A la fin de la danse, j'ai fait la queue pour recevoir le *darshan*. Cette fois-ci, quand Amma m'a pris dans ses bras, je me suis mis à pleurer. J'étais très touché par son amour, sa compassion et sa gentillesse. Elle m'a dit de m'asseoir à côté de son siège. Je me suis exécuté et, spontanément, elle m'a donné un mantra. Un peu plus tard, elle m'a dit de méditer quelque temps. J'ai rétorqué que je n'avais jamais médité de ma vie. Elle a répondu qu'il me suffirait de fermer les yeux et j'ai décidé d'essayer.

Au bout de ce que je croyais être une dizaine de minutes, j'ai ouvert les yeux en me disant qu'il y avait peut-être des gens qui aimeraient prendre ma place. C'est alors que je me suis aperçu que toutes les personnes qui, auparavant étaient assises près de moi, avaient disparu. J'ai regardé ma montre et j'ai vu que deux heures s'étaient écoulées ! C'était impossible ! Ma montre devait être détraquée. J'ai demandé l'heure à mon voisin. Il m'a confirmé que j'avais l'heure exacte. Ne comprenant pas ce qui m'arrivait, je me suis levé, j'ai offert mon *pranam* (prosternation) à Amma et suis retourné à Haripad.

---

[4] Amma donnant le *darshan* dans le costume et le rôle de Devi, la Mère divine de l'univers,

Le lendemain matin, je me suis senti incapable d'aller travailler. J'étais comme ivre de bonheur et de paix, j'étais sur un petit nuage. Craignant que cet état ne s'avère désastreux au travail - je devais, en effet, avant tout compter de l'argent - j'ai appelé le bureau pour dire que j'étais malade et je n'ai même pas mis le nez dehors de la journée. Je n'avais qu'une seule pensée en tête : Amma et la douceur bienfaisante de son *darshan*. Le jour suivant, j'ai de nouveau prétexté que j'étais malade. C'est seulement le troisième jour que je me suis décidé à retourner voir Amma. Après cela, j'ai simplement prévenu la banque que je serais absent pour le reste de la semaine et j'ai passé le plus clair de mon temps auprès d'Amma. Ma motivation était alors totalement différente. Amma avait déclenché en moi un début d'aspiration spirituelle. Je n'ai pas été le seul dans ce cas. Beaucoup des disciples d'Amma, qui sont maintenant les *swamis* (moines) les plus anciens, étaient eux aussi venus la voir pour des motifs matériels et sont vite devenus des chercheurs spirituels en quête de l'état suprême.

Ce changement de motivation s'effectue parfois rapidement, parfois plus lentement. Il se peut que certains n'aient pas un *samskara* profond mais qu'ils s'attachent néanmoins fortement à Amma du fait de son affection chaleureuse, de son attention, de sa gentillesse et de son *darshan* etc. Ils viennent voir Amma chaque fois qu'ils le peuvent et leur relation avec elle s'approfondit progressivement. Ils commencent à essayer de pratiquer ce qu'enseigne Amma. Ils peuvent également recevoir d'elle un mantra ou céder à ses encouragements et participer aux activités caritatives organisées par l'ashram. Tandis que leur mental se purifie petit à petit, leur compréhension de la spiritualité grandit et ils changent d'objectif. Ils se mettent à rechercher des bienfaits plus spirituels que profanes.

Ce changement de perspective survient même parfois quand Amma exauce le souhait d'un fidèle, comme dans le cas de cet écrivain américain qui avait écrit un roman et qui brûlait du désir de le publier. Il a apporté son manuscrit à Amma. Elle lui a souri et elle a touché le manuscrit de son front en signe de respect. Quelques semaines plus tard, il signait un contrat avec un grand éditeur. Ce dévot était aux anges. Avant même qu'il ne s'en aperçoive, son livre était dans toutes les librairies du pays. Mais il s'est vite rendu compte que le fait d'être publié ne lui avait pas enlevé son sentiment de manque. En y réfléchissant, il a compris que ce sentiment perdurerait même si Amma exauçait tous ses désirs. Il lui est apparu évident que seule la réalisation du Soi lui apporterait la paix et le contentement auxquels il aspirait.

Amma est en elle-même une fantastique source d'inspiration à suivre une voie spirituelle. Il n'y a qu'à regarder la paix, le bonheur et le contentement manifestes dont elle rayonne et qui nous laissent pantois. Elle a beau travailler vingt-quatre heures par jour, ne percevoir aucun salaire, ne rien posséder en propre et porter des vêtements simples, elle est infiniment plus heureuse que n'importe quelle personne robuste, riche et productive. En observant Amma, nous nous rendons vite compte qu'elle connaît le secret du bonheur et que, nous, nous l'ignorons encore. Il devient alors beaucoup plus intéressant de découvrir ce secret que de chercher des profits matériels.

Dans la *Brhadaranyaka Upanishad*, se trouve l'histoire d'une épouse de *rishi* (sage) qui, après avoir compris que son mari possède cette connaissance, refuse toute autre richesse. Ce sage s'appelle Yajnavalkya et son épouse Maitreyi. Yajnavalkya a une seconde épouse dénommée Katyayani. Maitreyi est plus versée dans le domaine spirituel tandis que Katyayani est plus attirée par le matérialisme. Un jour, Yajnavalkya apprend à Maitreyi qu'il va devenir *sannyasin* (moine renonçant) et cesser toute relation avec elle et Katyayani. Il lui explique qu'il va répartir ses biens entre elles deux. Maitreyi tout à coup l'interrompt : « Seigneur, si je possédais tout l'or du monde, deviendrais-je pour autant immortelle[5] ? » Yajnavyalka répond que non. Maitreyi réplique alors bravement qu'un bien qui n'est pas éternel n'a aucune valeur à ses yeux. Sachant que son mari est un homme d'une grande sagesse spirituelle, elle poursuit : « La seule chose qui m'intéresse c'est votre sagesse. Enseignez la moi. » Maitreyi était réellement assoiffée de sagesse. Elle avait compris ce que vaut la présence d'un *satguru* et elle ne voulait pas passer à côté de ce précieux trésor.

Certains de ceux qui rencontrent Amma aspiraient déjà à la connaissance du Soi avant même de la connaître. Sachant qu'il est essentiel pour tout chercheur spirituel sérieux d'être guidé par un *satguru*, ils viennent voir Amma dans ce but. Ils s'aperçoivent qu'Amma est une véritable panacée spirituelle : grâce à elle, ils peuvent s'engager dans le bénévolat, apprendre des techniques de méditation, recevoir un mantra, développer un lien profond avec un maître spirituel vivant qui n'écarte personne au nom d'un manque de qualification spirituelle. Plus encore, grâce à ses causeries et à ses livres, elle leur montre la voie à suivre pour atteindre le but suprême et sortir de la confusion et des diverses idées fausses qui ne sont que trop répandues à notre époque, dite de l'information. Leur premier *darshan* leur donne l'impression d'avoir gagné le jackpot de la spiritualité.

Parmi eux, il y a des novices mais également des chercheurs chevronnés qui suivent une voie spirituelle depuis des dizaines d'années : des *sannyasins*, des moines chrétiens ou bouddhistes, etc. Ils espèrent, grâce à la bénédiction d'Amma, approfondir leur compréhension de la spiritualité. De fait, au contact de la puissante vibration extrêmement pure qu'émet Amma, ils font l'expérience d'une conscience plus claire. De plus, le fait de passer du temps auprès d'Amma, d'être face à un être qui a atteint le but auquel ils consacrent leur existence, est pour eux une formidable source d'inspiration. Cela stimule leur enthousiasme et leur zèle à poursuivre leur voie.

---

[5] Être immortelle signifie ici jouir d'un bonheur éternel.

Il y a quelques années, un grand *sannyasin* appartenant à une organisation spirituelle très réputée est venu à l'ashram d'Amma. Je me souviens l'avoir observé avant qu'il n'entre dans la chambre d'Amma. A tort ou à raison, j'avais trouvé qu'il y avait en lui un peu de suffisance. Mais quand il est ressorti quelques heures plus tard, il avait des traces de larmes dans les yeux. Je lui ai demandé comment s'était passée l'entrevue. Il a répondu : « Aujourd'hui, après une vie de quête spirituelle, j'ai enfin l'impression d'avoir pris mon envol. »

Il y a aussi des cyniques qui viennent voir Amma. « Il y a quelque chose de louche là-dedans, se disent-ils. Il est impossible que cette femme soit à ce point désintéressée et aimante ! Je vais découvrir la supercherie ! » Il y a toujours eu ce genre de visiteurs. S'ils ont le cœur fermé, ils restent à l'ashram un moment, regardent autour d'eux d'un air méprisant puis s'en vont. Mais s'il y a la moindre ouverture en eux, Amma en profite pour planter une graine qui ne tardera pas à germer. C'est ce qui s'est produit pour l'un des plus anciens *brahmacharis* d'Amma. Il était étudiant dans une prestigieuse école de cinéma de Poona. A l'université, il s'était lié d'amitié avec des étudiants communistes et était devenu carrément hostile à la religion, à la spiritualité et particulièrement aux saints vivants. Un jour, malgré tout, il est allé voir Amma à l'incitation de sa famille. Il y a vu une bonne occasion de se documenter sur ces « soi-disant saints » et de réaliser un film. Cependant, alors qu'il observait Amma de son œil de cinéaste, l'œil d'Amma l'a trouvé. Il n'a pu s'empêcher de voir qu'Amma sacrifiait tout repos et tout confort personnels pour apporter de la lumière et de l'amour dans la vie d'autrui. Il est rapidement devenu l'un de ses disciples.

Bien que ces catégories de personnes viennent voir Amma pour des raisons apparemment différentes, en réalité, dit Amma, tout le monde, pas seulement ceux qui viennent la voir, cherche la même chose : faire l'expérience de la plénitude du Soi. Amma affirme que c'est cette aspiration qui nous fait aller de l'avant, c'est elle qui nous pousse à avoir des amis, à nous marier, à divorcer, à avoir des enfants, à poursuivre une carrière ou à en changer, à acheter une maison, une voiture, à aller au cinéma... Nous nous battons tous pour le même but. Mais cette plénitude que nous recherchons, que nous soyons aspirant spirituel ou matérialiste, n'est pas quelque chose de limité, elle est infinie, aussi vaste que l'univers. Et personne ne peut obtenir l'infini en accumulant des choses finies. Même 20 millions de milliards multipliés par 20 millions de milliards ne font jamais qu'un nombre fini. Tant que nous chercherons le bonheur dans les choses matérielles, nous n'atteindrons jamais la plénitude à laquelle nous aspirons.

Puisque vous lisez ce livre, vous avez, vraisemblablement, au moins acquis le niveau de *jijnasa* (soif de connaissance spirituelle), sinon vous liriez quelque chose d'autre. Mais chacun d'entre nous devrait se demander quelle part de *jijnasu* (chercheur de vérité) il y a en lui.

En nous livrant à l'introspection, nous verrons que nous oscillons entre les trois types de dévotion décrits dans ce chapitre. Nous sommes tantôt de sincères chercheurs spirituels, tantôt davantage intéressés par le monde matériel. Plus nous sommes connectés à Amma, plus notre quête spirituelle passe au premier plan. Amma nous accepte tous, inconditionnellement, indé-pendamment de notre niveau de dévotion. Cela fait partie de sa grandeur. Sachant que, chez la plupart d'entre nous, *jijnasa* ne s'est pas encore complètement enflammé, Amma nous encourage à lui faire part de nos peurs et de nos désirs, à venir vers elle avec notre dévotion *d'arta* et *d'artharti*. Ainsi, elle peut pénétrer dans chaque aspect de notre vie et nous aider au mieux dans notre évolution spirituelle. Grâce à nos efforts et à la grâce d'Amma, nous pourrons même transcender *jijnasa* et atteindre le sommet de la dévotion : *jnana*, la certitude que tout, à l'intérieur comme à l'extérieur de nous, est divin.

Chapitre deux

L'attachement qui détruit tous les autres

*« La relation entre un satguru et un disciple est un
phénomène unique que l'on ne peut comparer à nul
autre. Elle a un effet permanent sur le disciple. Dans
cette relation, rien ne peut nuire au disciple. »*

– Amma

L a relation que l'on établit avec un *satguru*, un maître spirituel
éveillé, est à nulle autre pareille. Ce qui la rend unique, c'est
qu'il y a l'une des deux personnes qui donne tout à l'autre
qui, elle, ne fait que recevoir. La relation mère-enfant est peut-être
celle qui s'en rapproche le plus.

Il s'est produit récemment un incident qui illustre bien ce
qu'est cette relation. Amma donnait le *darshan* à Amritapuri et il y
avait beaucoup de monde. En fait, toute la semaine, Amma avait
donné le *darshan* jusqu'au petit matin et recommencé quelques
heures plus tard. Un de ses fidèles américains, témoin de cet
emploi du temps chargé, est venu lui dire : « Amma, pourquoi ne
prends-tu pas des vacances ? Tu pourrais peut-être aller à Hawaï
te détendre à la plage. Nous nous cotiserions pour te payer le
voyage et tu te reposerais une semaine ou deux. »

Amma a ri. Puis, souriant avec compassion à l'homme qui
venait de faire cette proposition, elle a répondu : « Tu as bien un
fils, n'est-ce pas ? S'il était malade ou triste, s'il avait besoin de
toi, prendrais-tu l'avion pour aller à la plage ? Bien sûr que non !
Tu resterais avec lui, tu le réconforterais et ferais tout ton possible

pour qu'il aille mieux. C'est pareil pour Amma. Tous ceux qui sont ici sont mes enfants et je ne peux pas les laisser pour partir en vacances. »

Un tel *satguru* est une vraie *amma* (mère) en termes d'amour, de compassion et de désir d'éduquer ses disciples. Mais, à la différence d'une mère ordinaire que la présence de son enfant et la maternité comblent de joie, un *satguru* n'a pas besoin de ses disciples pour être comblé. De plus, on peut lui faire une confiance absolue. En effet, non seulement il aime le disciple inconditionnellement, mais encore il le guide avec une sûreté incomparable car il perçoit clairement son passé, son présent et son avenir. Notre mère biologique a beau nous aimer, sa vision du monde est limitée et, du fait de son attachement excessif, les conseils qu'elle nous donne manquent souvent d'objectivité.

On trouve ce genre de limites dans la relation patient-théra-peute ou patient-psychologue. Il y a quelques années, pendant la tournée d'Amma aux Etats-Unis, un jeune Américain, fidèle d'Amma et grand fan de hard rock (heavy metal), m'a parlé d'un reportage qu'il avait vu récemment sur l'un de ses groupes favoris. Apparemment, les relations entre les membres du groupe s'étaient détériorées au point qu'ils avaient cherché de l'aide auprès d'un thérapeute. Ils manquaient aussi d'élan créatif. Le film montrait des séquences de la thérapie qu'ils ont suivie pour résoudre ces problèmes. Le jeune homme m'a expliqué que l'ampleur de la différence entre l'aide qu'apporte un psychothérapeute et celle d'Amma lui était tout-à-coup apparue lors d'une scène du documentaire, vers la fin du film, qui montrait les membres du groupe annonçant au psychologue qu'ils n'avaient plus besoin de ses services. Le jeune dévot m'a raconté que la réaction du psychologue, à qui le groupe versait 40000 $ d'honoraires par mois, en disait long sur le fait qu'il était devenu complètement dépendant des musiciens, de leur chèque mensuel, de la notoriété et de la célébrité qu'il retirait de son travail avec eux. Sa vie tournait autour d'eux. Les membres du groupe n'avaient plus besoin du psychothérapeute mais lui avait toujours besoin d'eux. L'attachement que nous avons pour Amma n'a rien de semblable. Il est unique en son genre dans le sens où il nous libère de tous les autres attachements. Cette dépendance mène à l'indépendance totale. Je peux dire sans équivoque que c'est essentiellement mon attachement à Amma qui m'a permis de me concentrer sur la vie spirituelle. En effet, c'est dans la relation gourou-disciple qu'un chercheur spirituel trouve du soutien et qu'il puise sa force.

Dès que j'ai connu Amma, je n'ai plus eu d'autre pôle d'attraction. J'ai voulu démissionner immédiatement de mon emploi à la banque. Mais Amma m'a dit que je devais travailler encore quelques années. Elle m'a conseillé d'accueillir tous les clients comme s'ils m'étaient envoyés par elle-même. Mon travail deviendrait ainsi une pratique spirituelle. Amma ne m'en a imposé aucune autre. Je venais chaque soir à l'ashram et j'y passais également les fins de semaine. A cette époque, la vie auprès d'Amma se déroulait sans guère de contraintes. A part les *Bhava darshans* qui avaient lieu les dimanches, mardis et jeudis, il n'y avait pas d'horaire précis pour voir Amma. Les gens venaient quand ils voulaient. Nous étions un groupe de jeunes (nous sommes finalement devenus les premiers disciples monastiques d'Amma) à passer tout notre temps en compagnie d'Amma. Ce n'était pas tant la « spiritualité » qui nous attirait que son amour et son affection maternelle. Et Amma ne semblait pas non plus désireuse de nous pousser vers les pratiques spirituelles. Elle nous avait tous initiés en nous donnant un mantra, elle nous avait appris à méditer et nous y consacrions un certain temps chaque jour sans qu'il y ait d'emploi du temps précis ni de discipline. En dehors de cela, nous participions à toutes les activités d'Amma. Quand elle méditait, nous méditions avec elle. Quand elle chantait des *bhajans,* au moins une fois par jour au coucher du soleil, nous nous joignions à elle. C'était tout.

Quand Amma jouait à *kabadi* ou à *kottu kallu kali,* des jeux traditionnels, avec les petits enfants, nous regardions la scène en riant et en savourant la beauté et la pureté de sa relation avec les enfants. Nous lui posions à l'occasion des questions de spiritualité mais, honnêtement, nous n'éprouvions pas grand intérêt pour ce sujet. Amma nous racontait ce qu'elle avait fait la veille, les nouvelles du village. Elle nous décrivait parfois sa visite chez un dévot. Ce n'était pas une relation de gourou-disciple mais plutôt une relation entre amis ou de mère à enfants. Nous parlions très librement à Amma, il nous arrivait même de nous disputer avec elle. Nous n'avions pas la moindre idée du comportement qu'il convenait d'avoir avec un maître spirituel. Quand Amma accomplissait des tâches ménagères, nous l'aidions. Quand elle faisait la cuisine, nous y participions. Quand des fidèles venaient la voir, nous nous asseyions près d'eux et écoutions la conversation.

Nous n'étions pas conscients de ce qui se jouait. Nous faisions ce qui nous plaisait. Mais, comme toujours, Amma agissait au plus haut niveau de compréhension et de conscience. Amma *aime,* mais d'un amour très intelligent. Si elle nous avait inculqué une discipline spirituelle dès le départ, la plupart d'entre aurait immédiatement pris la porte ! En secret, son amour tressait les fils de soie indestructibles qui allaient nous attacher à elle à tout jamais.

Beaucoup de fidèles défaillent presque d'émotion en nous entendant évoquer ces souvenirs de notre jeunesse passée auprès d'Amma. Il est vrai que c'était une époque dorée et magique. Je mentirais en prétendant le contraire. Ce n'est cependant pas une raison pour regretter que Amma ne donne pas autant maintenant. Certes, le nombre des visiteurs a beaucoup augmenté, mais observez Amma et vous verrez qu'elle fait exactement la même chose que ce qu'elle faisait avec nous autrefois. Nous la regardions alors

jouer avec les enfants et c'est ce que font les fidèles d'aujourd'hui :
ils la regardent soulever les bébés qu'on lui amène au *darshan*, leur
becqueter les joues et leur mordiller les orteils. Nous parlions avec
Amma de choses banales et c'est ce qu'Amma engage ses fidèles
d'aujourd'hui à faire, soit pendant leur *darshan*, soit quand ils
sont assis près d'elle. Elle discute avec eux à bâtons rompus. Elle
leur parle parfois des endroits où elle a donné des programmes et
leur décrit comment cela s'est passé. Et que font les gens pendant
les programmes d'Amma ? Toute l'assistance médite avec elle,
chante des *bhajans* avec elle. Et, si Amma, à la fin d'un *Devi Bhava*
ou à l'ashram, se met à faire du ménage, tout le monde l'aide,
exactement comme nous le faisions dans le temps. Ainsi, à part
le nombre des visiteurs, rien n'a vraiment changé. De plus, même
s'il est vrai que nous avons moins de relations individuelles avec
Amma, elle compense cet inconvénient par son *sankalpa* (résolution). Si nous sommes ouverts, nous établirons avec elle un lien
tout aussi solide que celui qui se nouerait si elle avait davantage
de temps à consacrer à chacun de nous personnellement.

Il va de soi que c'est surtout le *darshan* d'Amma qui renforce
notre attachement à elle. Dans ses bras, nous nous sentons libérés
de tout fardeau. Dans ses bras apaisants, nous éprouvons une
indéniable impression d'unité. En réalité, si le *darshan* d'Amma
a cet impact incroyable sur les gens, c'est parce qu'elle leur fait
goûter au divin, à leur véritable Soi. C'est une expérience qui leur
ouvre souvent les yeux et les amène à changer de priorités dans
l'existence. Ils ont l'impression que leur monde intérieur évolue
autour d'un axe nouveau.

Il est manifestement curieux de se laisser embrasser par
quelqu'un qui vous est totalement inconnu. Pourtant, personne
n'éprouve de réticence ni de timidité en venant au *darshan* d'Amma pour la première fois. Le *darshan* est comme l'étreinte d'une
mère ou celle de son propre Soi. On en ressort avec l'impression

de connaître Amma depuis toujours : c'est que le premier *darshan* inaugure une relation sans commencement.

On ne perd jamais son temps à contempler Amma. On peut apprendre un tas de principes spirituels en l'observant. En fait, on apprend beaucoup plus par l'exemple que par la parole. Si un père dit à son fils de ne pas fumer alors que lui-même est fumeur, ses paroles n'auront guère d'impact. Ce qu'il fait a plus de poids que ce qu'il dit. De la même manière, en passant beaucoup de temps à regarder Amma agir avec les gens, nous nous imprégnons spontanément de ses qualités, extérieures ou intérieures. Comme Amma nous le dit : « Quand vous visitez une fabrique d'encens, le parfum vous colle à la peau. »

C'est d'ailleurs l'un des principes de la méditation sur une forme particulière de Dieu. Lorsqu'on se concentre sur l'un des aspects de Dieu, on se met tout naturellement à en absorber les qualités. Méditons sur la Mère Divine et notre esprit s'emplira de pensées d'amour et de compassion. Méditons sur Hanuman, pensons à sa force et sa bravoure, notre mental gagnera en force et en courage. Méditons sur le Seigneur Shiva, symbole de détachement et d'austérité, nous gagnerons en détachement et en intensité dans la pratique spirituelle.

Cela n'a rien de mystique. Cela se passe tout le temps ainsi dans la vie ordinaire. Prenons l'exemple des fans de musiciens ou de stars de cinéma. Ils adoptent souvent la démarche de leur idole, sa façon de s'habiller et de parler. En 2001, je me rappelle avoir soudain remarqué des dizaines de garçons qui se laissaient pousser les pattes et la barbe sous la lèvre. Cette mode avait surgi sans raison apparente. En réalité, la plupart de ces garçons étaient très jeunes et avaient le poil rare mais ils faisaient de leur mieux. J'ai cherché quelle était l'origine de ce nouveau style et j'ai appris qu'il venait de la vedette du dernier film à succès de Bollywood, « Dil Chahta Hai ». S'il suffit de regarder un film une ou deux fois pour créer une telle identification, imaginez l'ampleur de la transformation qui résulte d'une intense méditation quotidienne. Le fait de contempler Amma quand elle donne le *darshan,* quand elle chante des *bhajans,* quand elle parle, etc. est en fait une forme de méditation -- les yeux ouverts. Comme on absorbe les qualités et les traits de caractère de la divinité d'élection sur laquelle on médite -- les yeux fermés, on s'imprègne des qualités d'Amma en se concentrant sur elle et en passant du temps auprès d'elle. Témoins de sa compassion, nous désirons devenir plus compatissants. Témoins de sa patience et de sa simplicité, nous nous efforçons d'être, nous aussi, plus patients et plus simples.

« Si nous arrivons à comprendre ce que signifient la vérité, le *dharma,* le désintéressement et l'amour c'est parce que le gourou incarne ces qualités, dit Amma. Le gourou donne vie à ces qualités. En lui obéissant et en l'imitant, nous développons ces qualités en nous. »

Laissez-moi vous vous citer un exemple d'identification à Amma. A Amritapuri, les jours où elle ne donne pas le *darshan,* Amma arrive dans le hall un peu avant sept heures du soir pour guider les chants dévotionnels. Il y a en général une dizaine d'enfants qui attendent son arrivée, alignés derrière le *pitham* (le siège du gourou), se bousculant pour être le plus près possible de l'endroit où Amma va s'asseoir. Les résidents de l'ashram et les visiteurs s'amusent souvent de ce spectacle attendrissant. En août 2008, séjournait à l'ashram un petit garçon indien de trois ans qui vit habituellement en Amérique. Il était sur l'estrade parmi les autres enfants et voulait, comme eux, avoir la meilleure place. Aussi, juste avant qu'Amma n'arrive sous le dais, il est monté sur le *pitham.* Tous les regards ont évidemment convergé vers lui. Imitant Amma, il a joint les mains au-dessus de la tête dans l'*anjali mudra* pour offrir son *pranam* (salutation) puis il s'est assis en tailleur. Il a alors saisi l'une des baguettes d'Amma et s'est mis à taper en cadence sur le micro exactement comme le fait parfois Amma pendant les *bhajans*. Quand Amma l'a vu ainsi assis, elle s'est simplement mise à rire. Quelqu'un a enlevé le jeune garçon du siège mais Amma l'a rappelé et l'a fait asseoir à ses côtés. Elle lui a donné le micro et il a immédiatement tenté de réciter la formule de salutation traditionnelle « *prema-svarūpikalum ātma-svarūpikalumāya ellāvarkkum namaskāram* » qu'Amma prononce à chaque fois qu'elle prend publiquement la parole et qui signifie : « Je m'incline devant chacun de vous qui êtes, par nature, l'amour divin et le Soi. » Puis il a entamé la séance de *bhajans* avec un chant dédié au dieu Ganesh comme Amma a l'habitude de le faire. Il était adorable. Sa prononciation était celle d'un bambin de trois ans et ses paroles n'étaient pas très intelligibles mais ce qui se dégageait de sa présence était du « pur Amma ». L'assistance tapait des mains en cadence pendant qu'il chantait. Il s'agissait, me direz-vous, seulement d'un enfant et d'une situation anodine, mais c'est un exemple parfait du mimétisme qui s'opère entre Amma et nous et de la façon dont nous nous imprégnons de ses façons de faire, de ses actions et de ses qualités. Nous en faisons une habitude qui à son tour forge notre caractère. En gagnant en maturité, nous pouvons même nous pénétrer des qualités plus profondes d'Amma, telles que l'amour, la compassion et le désintéressement, qui sont le moteur de chacun de ses gestes et de ses actions.

Cette phase de la relation avec Amma qui consiste à s'asseoir près d'elle et à la contempler, aussi insignifiante qu'elle puisse de prime abord apparaître, joue en fait un rôle crucial dans la l'élaboration de notre attachement. Seul un attachement profond et solide au gourou engendre la foi et la confiance qui permettent de suivre correctement ses conseils, ses instructions et son enseignement.

Dans l'épopée du Mahabharata, c'est seulement dans la

deuxième partie du récit qu'Arjuna devient disciple de Krishna. Dans la première partie, tout comme entre nous et Amma, il s'agit plutôt d'une relation entre deux amis. Dans le quatrième chapitre de la Bhagavad Gita, en parlant à Arjuna, Krishna ne s'adresse pas seulement au dévot mais aussi à l'ami (*sake*). Un véritable lien d'amitié, empreint de confiance, d'ouverture et d'intimité sincère, est un préalable essentiel à l'élaboration d'une relation gourou-disciple fructueuse.

Dans les textes, l'attachement est constamment considéré comme un sérieux obstacle au progrès spirituel. Amma, elle-même, dit souvent qu'il est très important de transcender nos désirs, nos aversions et nos dépendances. Il est donc naturel de ressentir une certaine confusion à l'idée d'être attachés à Amma. Cela me rappelle un épisode qui date du milieu des années 80. A cette époque, Amma assistait presque tout le temps à la méditation matinale. A la fin de la séance, elle répondait à toutes les questions que nous nous posions. Un matin, l'un des *brahmacharis*, maintenant devenu Swami Amritagitananda, était en proie à ce genre de doute. Il n'en avait pas parlé à Amma mais les questions suivantes l'avaient assailli pendant toute sa méditation : « Je suis venu ici dans le but de transcender tous mes attachements et je suis en train de m'attacher intensément à Amma ! N'est-ce pas une nouvelle forme de dépendance ? Ne suis-je pas juste passé d'une forme de *maya* (illusion) à une autre ? »

Soudain, Amma a tourné le regard droit vers lui en disant : « Contrairement à tous les autres, l'attachement au gourou et à l'ashram n'est pas une dépendance. Quand on a une épine fichée dans le pied, on se sert d'une autre épine pour la retirer. De même, l'attachement au gourou mène à la libération. »

Voici un exemple similaire : il y a quelques années, un nouveau *brahmachari* était debout près d'Amma alors qu'elle donnait le *darshan*. Tout à coup, Amma a levé les yeux vers lui avec un grand sourire empli d'affection. Elle l'a fait approcher et lui a demandé à quoi il était en train de penser.

– Je deviens de plus en plus attaché à Amma, a-t-il répondu, et j'ai peur que cela ne m'amène que de la souffrance.

– Cet attachement pour Amma détruira tes autres attachements, a affirmé Amma. Même s'il t'occasionne de la souffrance, celle-ci te purifiera et te mènera à Dieu.

Amma est la personne la plus disponible qui soit. Pour la voir, il suffit de faire la queue et d'attendre son tour. Il n'y a aucun obstacle. Elle tend constamment la main pour nous relever mais c'est à nous qu'il appartient de saisir sa main. Une fois que c'est fait, elle ne nous lâche plus jusqu'à ce que nous soyons capables de marcher seuls. Cela ne veut pas dire que l'attachement à Amma est réservé aux débutants. Il évolue et s'approfondit en permanence pendant toute la vie. Quand nous progressons, ce lien prend une place de plus en plus centrale et devient un aspect essentiel de notre existence jusqu'à ce que, réalisation ultime, nous prenions conscience que le gourou et le disciple n'ont toujours fait qu'un. Mais au début, il faut mettre l'accent sur l'attachement extérieur. C'est cet attachement et le souvenir précieux des moments que nous avons passés avec Amma qui nous permettront de traverser les difficultés de l'existence qui sont notre lot à tous. Quand nous serons prêts, la relation avec Amma changera de forme et la discipline commencera. Pour nous, qui avons été le premier contingent de *brahmacharis*, le changement s'est produit au bout de deux ou trois ans. Un beau jour, la mère fait place au gourou.

Chapitre trois

L'importance du gourou

« La grâce du gourou nous aide à voir les
obstacles sur le chemin et à les retirer. »

— Amma

Amma dit que le gourou n'apparaît qu'en présence d'un disciple. Cela signifie qu'elle ne se montre pas sous le jour du gourou (*guru bhava*) tant que nous ne sommes pas prêts. En revanche, lorsque nous sommes prêts, le gourou en elle se manifeste sans attendre. Nous voyons le même phénomène décrit dans le Mahabharata. Pendant toute la première partie de l'épopée, Krishna ne se conduit jamais en gourou vis-à-vis d'Arjuna parce que le disciple n'est pas encore né en lui. Du moment où Arjuna admet son impuissance à résoudre ses problèmes et qu'il tombe aux pieds de Krishna en le suppliant d'être son conseiller et son guide, Krishna se comporte aussitôt en gourou : « Tu souffres à tort, pour des gens pour qui tu ne devrais pas souffrir etc. » C'est là qu'il commence à lui donner son enseignement, tel qu'il est rapporté dans la Bhagavad Gita.

Nous parlons du *guru bhava* d'Amma mais, en fait, chacun des visages d'Amma est un *bhava* (un aspect qu'elle décide d'exprimer). Contrairement à nous, Amma ne s'identifie pas aux divers costumes qu'elle porte dans le monde. Nous nous disons professeur ou étudiant, homme d'affaires, médecin, artiste, etc., mais Amma ne s'identifie qu'au Soi, à la pure Conscience qui est le substrat des pensées et de tout l'univers physique. Amma ne se prend pas pour un gourou, une mère, une figure humanitaire ou autre. Elle sait qu'elle est, par essence, conscience éternelle et félicité. Par compassion, elle prend le *bhava* d'une mère, d'une figure humanitaire, d'une amie, de Dieu ou d'un gourou chaque fois que c'est nécessaire. L'enfant qui a besoin d'amour et de réconfort trouve en elle une mère. Celui qui souffre de la misère trouve une bienfaitrice. Celui qui cherche un compagnon sincère trouve l'ami. Le dévot trouve Dieu. Le disciple trouve le gourou. (Il faut avoir compris ceci pour saisir toute la signification de son affirmation apparemment sans conséquence : « Je les appelle mes enfants parce qu'ils m'appellent Mère. Je ne sais rien de plus.») En fin de compte, toutes ces catégories reposent sur l'ignorance. Amma, dans son immense sagesse, ne voit que l'unité : le gourou et le disciple, le fidèle et Dieu, l'enfant et la mère…tous sont à jamais un. C'est pourquoi Amma affirme : « Pour qu'il y ait un gourou, il faut qu'il y ait un disciple. »

Voici quelques années, Amma a été interviewée pour le compte d'une télévision américaine qui réalisait un documentaire sur une douzaine de responsables religieux mondiaux. Amma était la seule représentante de l'hindouisme. A la fin des deux heures d'entretien, les journalistes ont demandé à Amma de se présenter devant la caméra. Ils voulaient simplement, lui ont-ils expliqué, qu'elle dise quelque chose du genre : « Hello, je m'appelle Sri Mata Amritananda Mayi, je suis un leader de l'hindouisme et je travaille dans l'humanitaire dans le Kerala, en Inde. » Les autres *swamis* et moi nous sommes demandé ce qu'Amma allait répondre à leur requête, pour la bonne raison qu'elle ne s'exprime jamais ainsi. En trente ans, je ne l'ai jamais entendue affirmer une chose pareille. Nous nous demandions quelle serait sa réaction. Et bien, elle a souri et refusé de se présenter. Nous pensions que tout en resterait là mais les organisateurs ont insisté : « Allez Amma ! Tous les autres se sont présentés ! » Elle n'en démordait pas. S'il y a une constante dans la personnalité d'Amma, c'est bien sa spontanéité et son naturel. Elle ne posera jamais pour un photographe, par exemple. La phrase qu'on lui demandait de dire n'avait rien de naturel. Mais, par compassion, ne voulant pas blesser le réalisateur du documentaire, elle a soudain dit, alors que nous ne nous y attendions plus : « Les gens appellent cette forme visible Amma ou Mata Amritanandamayi Devi mais le Soi qui réside à l'intérieur n'a ni nom, ni résidence, il est omniprésent. » Cette affirmation nous permet de comprendre qu'Amma ne se montre en *guru bhava* que lorsque le disciple invoque le gourou. C'est une réponse à un besoin. Quand le besoin est mûr, le gourou apparaît. Mais Amma, dans sa véritable nature, n'a ni nom ni adresse. Elle est au-delà de tout.

Le *guru bhava* d'Amma a deux facettes principales : la connaissance et la discipline. Certains croient qu'il n'est pas nécessaire d'avoir un gourou pour acquérir la connaissance. Ils pensent qu'il suffit de suivre les Écritures. Pourtant, celles-ci affirment sans cesse que, sans gourou, on ne peut arriver au but final. Adi Shankaracharya[1], dans son commentaire de la Mundaka Upanishad, dissuade même ceux qui ont étudié le sanscrit, la logique ou autres *shastras* (sciences), d'essayer d'obtenir la connaissance du Soi sans l'aide d'un gourou.

Pourquoi est-il si important d'avoir un gourou ? Amma donne la réponse suivante : « Un voyageur, même s'il est muni d'une carte, court toujours le risque de s'égarer et de tourner en rond. De plus une carte ne l'informe des mauvaises rencontres éventuelles, qu'il s'agisse de bandits ou de bêtes sauvages. Seul un guide expérimenté lui permettra de voyager sans souci. La compagnie d'un guide, à qui le trajet est familier, rend le voyage aisé et sûr. »

On a besoin de professeurs pour chaque apprentissage, en

---

[1] Les commentaires et les écrits d'Adi Shankaracharya (aux environs de l'an 800) ont donné un souffle nouveau à la philosophie de l'Advaïta Vedanta.

sciences, en affaires, comme en littérature. Il n'en va pas différemment en ce qui concerne la spiritualité. En fait, la spiritualité est la plus subtile des connaissances car l'objet étudié est notre propre Soi. Le biologiste et le chimiste utilisent un microscope pour étudier les microbes ou les molécules. Dans le domaine de la spiritualité, l'objet étudié c'est le chercheur lui-même. Il échappe donc aux outils de connaissance ordinaires que sont les organes des sens et l'intellect. L'aide d'un maître est d'autant plus nécessaire que l'objet étudié est plus subtil. Comme le dit Amma : « Même pour apprendre à lacer ses souliers, on a besoin de quelqu'un ! » Un *satguru* de l'envergure d'Amma ne se contente pas de nous expliquer la voie spirituelle et de clarifier nos doutes. Elle nous aide également à transcender les obstacles qui surgissent sur le parcours car elle a une vision précise de notre personnalité.

En réalité, Amma prodigue son enseignement en permanence, qu'elle approfondisse les notions de *dharma,* de *karma yoga,* de méditation ou de vérité ultime. Un fleuve de connaissance infini s'écoule de sa bouche. Elle est toujours prête à guider les autres pour les amener à vivre et à penser plus intelligemment, plus harmonieusement. A Amritapuri, elle anime des sessions de questions-réponses chaque semaine à l'intention des visiteurs et des résidents de l'ashram. Elle fait la même chose pendant les retraites lors de son tour du monde. Pour déclencher le *guru bhava* d'Amma, il suffit d'éprouver de l'intérêt[2]. Cela montre bien que son affirmation « le gourou n'apparaît qu'en présence d'un disciple » ne concerne que l'aspect « discipline » de son *guru bhava*.

Théoriquement, l'objectif de la spiritualité est très simple : assimiler complètement le fait que nous ne sommes ni le corps ni les émotions ni l'intellect mais la conscience omniprésente, éternelle, bienheureuse. Le matin, au réveil, nous n'avons pas besoin

---

[2] La réponse d'Amma va d'autant plus en profondeur que notre intérêt est authentique.

d'ouvrir les yeux et de nous regarder dans la glace pour savoir qui nous sommes : « Qui suis-je ? Un homme ? Une femme ? Un âne ? Un Indien ? Un Américain ? Un Japonais ? » Nous n'avons aucun doute : nous savons qui nous sommes, un point c'est tout. Il faut avoir la même conviction au sujet de notre identité spirituelle. Nous sommes dans une situation plutôt curieuse : nous devons *utiliser* notre mental pour comprendre que nous ne sommes pas le mental. Le mental est à la fois la source de l'ignorance et un moyen de nous en libérer. Shankaracharya décrit ce paradoxe ainsi :

Vāyunā nīyate meghaḥ punastenaiva nīyate |
manasā kalpyate bandho mokṣastenaiva kalpyate | |

Vivekacudāmani 172

C'est le vent qui amène les nuages et c'est également lui qui les éloigne. Ainsi, c'est le mental qui crée l'attachement des humains et c'est également lui, et lui seul, qui les en libère.

Il n'est pas bien difficile de saisir intellectuellement que nous sommes, par nature, conscience. Mais, depuis des vies et des vies, nous pensons exactement le contraire, nous sommes totalement identifiés au corps, aux émotions, à l'intellect, et nous associons le bonheur à la satisfaction de nos désirs. Ce mode de pensée nous est devenu si familier qu'il est difficile de nous en défaire. Pour illustrer cette difficulté, Amma aime bien citer l'exemple d'un homme qui a l'habitude de mettre son portefeuille dans la poche de son pantalon. Un beau jour, il décide de le ranger dans la poche intérieure de sa veste. Si vous lui demandez où il met son portefeuille alors qu'il est détendu et qu'il a le temps de réfléchir, il vous répondra : « Maintenant, je le mets dans ma poche de veste. » Mais s'il est en retard et qu'il veut payer son café en vitesse, il va fouiller dans sa poche de pantalon. Ce qu'il fait est diamétralement opposé à ce qu'il sait.

Il y avait un homme qui n'avait ni travail ni logement. Il

arrivait à survivre en mangeant tout ce qu'il trouvait, quitte, souvent, à fouiller dans les poubelles ou les tas d'ordures. Un beau jour, il fut sélectionné par quelqu'un qui aidait les sans-abri à se réinsérer dans la société. Cet homme charitable lui alloua un logement et un pécule pour sa nourriture. Il lui donna également de l'argent pour faire des études. Le pauvre homme débordait de joie devant tant de compassion et il remercia son bienfaiteur de tout son cœur. Il courut s'inscrire à l'école et sa vie prit un nouveau tournant. Dix ans plus tard, diplômé de MBA, il avait monté une entreprise et faisait partie des 500 plus grosses fortunes nationales. Un jour qu'il était assis à l'arrière de sa limousine, en train de fumer un bon cigare cubain et de regarder le paysage urbain à travers la vitre teintée, il hurla tout à coup :

-- Arrêtez ! Arrêtez ! Arrêtez-vous pour l'amour du ciel ! Vous êtes fou ou quoi ? »

-- Quoi ? Que se passe-t-il, Monsieur ? dit le chauffeur en appuyant sur la pédale de frein. L'homme d'affaires, ancien sans-abri, répliqua :

– Que se passe-t-il ? N'avez-vous pas vu que quelqu'un vient de jeter un beau morceau de pizza au coin de la rue ?

Cet homme était assez riche pour acheter 100 « Pizza Huts ». Néanmoins, son subconscient n'en était pas encore complète-ment convaincu. En voyant une part de pizza jetée à la poubelle, oubliant qui il était devenu, il eut le même réflexe qu'autrefois.

Pratiquement tout le monde peut s'inscrire à un cours de « Philosophie des religions orientales 101 » et comprendre les bases de la philosophie du Védanta. Cependant, personne n'atteint jamais l'illumination par ce moyen. Car, pour être capable d'assi-miler ces connaissances, il faut avoir un mental suffisamment pur. Notre mental manque en général de discernement, de subtilité, d'attention, de patience et de concentration. Il est en revanche empli de concepts égoïstes et constamment assailli par une foule de désirs et de répulsions. Pour pouvoir vraiment absorber des connaissances spirituelles, il faut se débarrasser de ces impuretés. A bien des égards, il est beaucoup plus difficile de purifier le mental que d'acquérir un savoir. On dit même que, lorsque le mental est purifié, la libération est immédiate. Le gourou prescrit donc une discipline au disciple pour l'aider à purifier son mental.

« Tant que vous n'avez pas maîtrisé le mental, vous devez suivre les instructions du gourou et observer les règles et les limites qu'il vous donne, dit Amma. En revanche, une fois que vous aurez maîtrisé le mental, vous n'aurez plus rien à craindre. »

Les quatre qualifications

Les textes sacrés précisent les domaines dans lesquels nous devons discipliner et purifier le mental pour être à même d'assimiler convenablement la connaissance spirituelle. En sanscrit, on les appelle globalement *sadhana catustaya sampatti* – les quatre qualifications[3] : *viveka, vairāgya, mumukshutvam* and *samādi shatka sampatti*— le discernement, le détachement, la soif de libération et les six préceptes dont le premier est le contrôle du mental.

D'une certaine manière, on peut comparer un *satguru* comme Amma à un entraîneur. Non seulement elle nous enseigne les règles du jeu de la vie, mais elle veille également à ce que nous soyons suffisamment entraînés pour jouer. Comme tout bon entraîneur, Amma connaît les forces et les faiblesses de chacun de ses joueurs. Elle sait aussi comment les aider à dépasser leurs faiblesses. Tous les moyens lui sont bons : elle leur donne des instructions personnelles, elle les soumet à des situations difficiles, elle corrige leurs erreurs, elle les aide à prendre conscience de leurs

---

[3] On les appelle qualifications parce qu'elles doivent être acquises pour que nous soyons capables de connaître le Soi. Si l'une ou l'autre n'est pas acquise, cela ne veut pas dire que nous sommes inaptes à la vie spirituelle mais qu'il faut faire davantage d'efforts pour la ou les développer.

faiblesses. Elle fortifie ainsi leur mental et l'affine pour le rendre apte à assimiler la Vérité ultime. En fait, on dit que, lorsque son mental est pur, le disciple saisit immédiatement la Vérité dès que le gourou la lui explique. C'est ce qu'on appelle « la réalisation instantanée ».

Viveka, vairagya et mumukshutvam

La première faculté à développer s'appelle *viveka*. Dans l'absolu, *viveka* signifie aptitude à discerner l'*atma* de l'*anatma*, le Soi du non Soi. Que nous regardions à l'intérieur de nous-mêmes ou à l'extérieur, nous devons être capables de faire la différence entre le réel et l'irréel, de séparer le bon grain de l'ivraie, en quelque sorte. Cette nécessité de séparer constamment le vrai du faux est l'une des raisons pour laquelle il est dit que la vie spirituelle consiste à marcher sur le fil du rasoir[4]. Mais le discernement s'applique aussi à un niveau plus relatif. Finalement, la vie n'est qu'une suite de décisions. A chaque moment, à chaque échange relationnel, à chaque respiration, nous avons le choix d'agir, de parler ou de penser, d'une façon qui nous rapproche du but ou qui nous en éloigne. *Viveka*, c'est agir selon l'absolue conviction que le but de la vie humaine, le bonheur éternel, ne s'obtient jamais grâce à des choses éphémères mais grâce à ce qui est éternel.

Une fois que nous aurons compris la différence entre ce qui procure un bonheur limité et ce qui procure un bonheur éternel, nous nous éloignerons naturellement du premier pour nous rapprocher du second. Le désir de s'écarter du bonheur éphémère est appelé *vairagya* et celui de se rapprocher du bonheur éternel *mumukshutvam*. *Viveka*, *mumukshutvam* et *vairagya* sont liés.

Mumukshutvam, la soif de libération, est en fait innée. Tout le monde aspire à la transcendance. Personne ne veut d'un bonheur limité. Tout sentiment de frustration causé par une limite

---

[4] Katha Upanishad 1, 3, 14

quelconque n'est que l'expression de notre *mumukshutvam* intérieur. La plupart des gens n'arrivent pas à saisir qu'il est inévitable d'être frustré quand on ne s'intéresse qu'à des choses aussi limitées que le plaisir, les relations, la réussite, etc. De plus, les rares personnes qui finissent par le comprendre n'ont, en général, jamais entendu parler du Soi illimité ni de la possibilité d'y accéder. Nous continuons donc de tirer tout le bonheur possible des choses limitées que nous réussissons à nous procurer. Si, grâce à Dieu, nous apprenons que nous pouvons avoir accès à la transcendance en réalisant le Soi, la faculté de *mumukshutvam* nous aidera alors à y parvenir. D'ailleurs, c'est à ce moment-là seulement que nous saurons si nous avons, ou non, un fort désir de libération. Si celui-ci est assez puissant, nous nous mettrons à cultiver *viveka* (le discernement) et *vairagya* (le détachement), sinon nous continuerons à poursuivre le bonheur fugitif qu'offre le monde matériel et limité.

En général, ces trois qualités s'affermissent par la pratique du *karma yoga*. Le *karma yoga* n'est pas une activité particulière mais une attitude avec laquelle on effectue toute action quelle qu'elle soit. Cette attitude consiste à être totalement attentif à l'action et à en accepter totalement le résultat. (Le sujet du *karma yoga* sera traité en détail dans le chapitre 5) C'est plus facile à dire qu'à faire, surtout quand on agit pour obtenir une satisfaction personnelle : l'argent, la réputation, la célébrité, etc. Il est donc plus simple de nous entraîner au *karma yoga* dans un travail demandé par le gourou plutôt que dans une action effectuée dans le but d'une satisfaction personnelle. C'est pour cette raison qu'Amma nous conseille, au bout d'un certain temps, de faire un travail donné. Il peut s'agir de nettoyer les toilettes, de s'occuper des vaches, de nettoyer des endroits ou des jardins publics, de participer au journal édité par notre groupe de *satsang*, ou même de travailler à l'hôpital ou dans une université d'Amma, voire parfois, de servir directement Amma. Grâce à ce genre d'activités, nous commençons à pratiquer le *karma yoga*. Que ce travail nous occupe 60 heures par semaine ou une heure le week-end, c'est un entraînement qui nous permet, petit à petit, d'avoir cette attitude dans tous les aspects de notre vie, dans un emploi salarié au sein d'une multinationale comme dans les tâches ménagères.

Guru-seva, le travail désintéressé commandé par le gourou, n'est pas une forme d'esclavage. Ce n'est pas non plus un moyen de monnayer l'enseignement d'Amma ou son affection. Le gourou n'est autre que la Vérité divine qui imprègne toute la création. Amma n'a donc pas besoin de nous pour laver des gamelles ou couper des légumes pendant ses programmes. Elle n'a pas davantage besoin de nous pour l'aider dans les œuvres caritatives de l'ashram. En fait, Amma n'a absolument pas besoin de nous pour servir autrui. Elle est plénitude, avec ou sans nous. Elle nous offre la possibilité de faire ces tâches parce qu'elle sait tout le bien que nous pouvons en retirer, à condition de les accomplir avec amour, soin et sincérité. Elle sait que le *seva* a le pouvoir de purifier le mental de ses désirs et de ses aversions – c'est-à dire de nous faire renoncer au plaisir éphémère des sens et chercher passionnément la béatitude éternelle du Soi -- tout ce qu'il est essentiel d'acquérir avant d'espérer obtenir la véritable liberté.

En réalité, Amma utilise aussi un autre moyen, unique en son genre, pour nous aider à développer *mumukshutvam* et *vairagya*, c'est son *darshan*. Quand nous sommes dans les tendres bras d'Amma, notre mental devient soudain silencieux et laisse place à la paix et à la béatitude du Soi. Beaucoup ont l'impression que le *darshan* leur ouvre les yeux, qu'il est une délivrance. Comme nous l'avons vu précédemment, le *darshan* transforme notre façon de penser et nos objectifs. Le *darshan* d'Amma nous permet de sentir une paix profonde qui vient de l'intérieur et qui n'a rien à voir avec le monde extérieur, perçu par les sens. Le souvenir de cette expérience de *darshan* devient la fameuse carotte qui fait avancer le chercheur spirituel. Un *sannyasin* venu à l'ashram a exprimé la même chose en ces termes : « Quand on a connu le *darshan* d'Amma on ne souhaite plus qu'une seule chose : d'autres *darshans*. »

Pour décrire l'effet du *darshan* d'Amma, une dévote a raconté une anecdote d'enfance : ses parents ne voulaient pas qu'elle mange du chocolat et ils lui donnaient de la caroube en lui faisant croire qu'il s'agissait de chocolat. Pendant des années, elle mangea de la caroube en étant persuadée que c'était du chocolat. Puis vint le jour inévitable où quelqu'un lui offrit du vrai chocolat et elle ne put plus désormais se satisfaire de caroube. Elle vécut la même expérience avec le *darshan* d'Amma. Le fait de recevoir le *darshan*, dit Amma elle-même, c'est boire, pour la première fois, une eau de source limpide comme le cristal après avoir essayé, toute sa vie, d'étancher sa soif avec de l'eau polluée. En quelque sorte, Amma commence à affiner notre mental et nos conceptions dès la première rencontre.

Le dernier aspect de la purification mentale s'appelle *samadi sakta sampatti*. Il se subdivise en six points, *sama, dama, uparama, titiksha, shraddha, samadhana*, dont le premier est le contrôle du mental[5].

Dama

Nous commencerons par étudier *dama* : le contrôle des sens. Dans les premiers stades de la vie spirituelle, le mental est faible et se laisse facilement distraire par de multiples stimuli sensoriels. Nous essayons de mettre en pratique l'enseignement qui dit que la source de toute félicité se trouve en nous-mêmes mais nous avons bien du mal à y

---

[5] Pendant l'*arati*, on loue Amma pour son habileté à aider ses enfants à cultiver ces qualités. On l'appelle Sama-dama-dayini (Celle qui donne le contrôle du mental et des sens)

arriver. En effet, pendant des vies et des vies, nous avons exclusive-ment recherché le plaisir, bien fugitif pourtant, que procurent les objets du monde. Littéralement, *dama* signifie « éviter tout contact avec les objets qui perturbent le mental. » La Bhagavad Gita cite l'exemple d'une tortue :

yadā samharate cāyam kūrmo'ngānīva sarvashah |
indriyānīndriyārthebhyah tasya prajña pratisthitā | |

« *Quand une tortue rentre dans sa carapace, ses sens ne sont plus en contact avec les objets perçus par les sens. Sa sagesse s'affermit.* »

Bhagavad Gita 2,.58

Chaque fois qu'elle sent venir un danger, la tortue rentre la tête et les pattes sous sa carapace. Ainsi protégée du monde extérieur, elle attend que le danger s'éloigne. Le chercheur spirituel doit faire de même et éviter tout contact entre ses organes des sens, les yeux, les oreilles, le nez, le toucher, le goût, et des objets potentiellement nocifs.

Imaginons que nous suivions un régime, et que nous ayons le choix entre deux itinéraires pour aller de notre lieu de travail à la maison. Sur le premier, se trouvent une pizzéria et un glacier. Pratiquer *dama* consistera à choisir le second itinéraire. Ou bien, si nous prenons le bus et que les gens en face de nous bavardent de choses matérielles, en tant qu' aspirants spirituels désireux de pratiquer *dama*, nous pouvons brancher notre ipod et écouter des *bhajans* ou des enseignements spirituels. Dans le pire des cas, nous pouvons toujours fermer les yeux devant des choses que nous croyons préférables d'éviter. Toutes ces attitudes sont des exemples de contrôle des sens.

On m'a raconté une histoire drôle qui illustre *dama*. Dans une boulangerie, un client examine les pâtisseries alléchantes qui sont exposées en vitrine. L'employé s'approche et lui demande : « Que désirez-vous ? » Le client répond : « Je voudrais un beignet à la crème, glacé au chocolat, un beignet à la confiture et ce fromage danois. » Puis il soupire et ajoute : « Mais je me contenterai d'un muffin au son. »

A Amritapuri, les résidents doivent respecter un certain nombre de règles destinées à les aider à contrôler leurs sens. Ce qui ne pénètre pas dans les organes des sens a du mal à pénétrer dans le mental. Ils sont venus vivre à l'ashram pour atteindre un but donné et, si Amma a établi ces règles, c'est pour les y aider.

On entend souvent les psychologues critiquer l'abstinence monastique et proclamer que c'est une forme de répression pouvant nuire à la santé et provoquer des maladies mentales. Ils ont en partie raison. La *répression* peut entraîner des maladies. Cependant, *dama* ne signifie pas répression mais sublimation. *Dama* est une décision fondée sur une conviction : on sait que céder au plaisir des sens empêche d'atteindre un but supérieur. Il en va de même, nous dit Amma, de l'étudiant qui décide de renoncer à traîner avec ses copains pour préparer un examen ou du diabétique qui évite le sucre. Le renoncement est dicté par le discernement et une juste compréhension de la situation si bien que le corps et le mental sont en harmonie et que la personne ne déprime pas. Si un enfant a la conviction que son ours en peluche le protège contre les monstres qui habitent le placard, il serait très préjudiciable pour son équilibre psychique de mettre son ours à la poubelle. En revanche, quand l'enfant devient trop grand pour croire aux monstres et décide de son propre chef de ne plus dormir avec une peluche, il n'y a évidemment aucun mal à ce qu'il s'en débarrasse. Un *dama* correct repose sur la compréhension que les objets perçus par les organes des sens sont sans valeur -- et non sur l'idée qu'ils sont mauvais d'un point de vue moral.

Un jour, un moine qui avait vécu enfermé dans une cellule et pratiqué une longue ascèse tombe gravement malade. Aucun des médecins consultés n'arrive à porter de diagnostic. Finalement on fait appel à un psychiatre, qui, après une courte discussion, lui dit qu'il souffre de refoulement :

— Cela fait vingt ans que vous avez renoncé au monde et rejeté tous ses plaisirs. Il faut relâcher la pression et profiter un peu de la vie. Je vous suggère de sortir de votre cellule pour aller faire un tour.

— Ce n'est pas possible, rétorque le moine. J'ai renoncé à tout cela, j'ai fait un vœu d'austérité. Dans ma vie, il n'y a pas de place pour la promenade !

Le psychiatre tient bon et le prévient que c'est une question de vie ou de mort. Le moine ferme les yeux et réfléchit. Dix secondes plus tard, il ouvre les yeux et dit en soupirant :

— D'accord, mais, alors, donnez-moi une Mercedes décapotable avec des sièges en cuir luxueux et une stéréo d'enfer.

Le contrôle des sens doit reposer sur une prise de conscience. Si nous réprimons simplement nos désirs, ils s'intensifieront et finiront par nous tyranniser.

Sama

La discipline suivante, *sama*, est le contrôle du mental. Il est évidemment impossible de se fermer totalement aux stimuli sensoriels potentiellement nuisibles. Que nous le voulions ou non, certains d'entre eux vont pénétrer dans notre mental via les organes des sens et laisser une empreinte. Celle-ci, une fois créée, va venir à la conscience du mental de temps en temps. Même si nous évitons de voir et d'entendre ce qui est défavorable à notre évolution spirituelle, le mental n'a besoin de rien ni de personne pour être négatif. Il nous arrive à tous de succomber à des pensées négatives. Par exemple, nous nous retrouvons en train de critiquer, un peu trop, les défauts d'une connaissance, d'un collègue de travail, d'un membre de notre famille. C'est là qu'intervient *sama*. Il est vrai qu'on ne peut pas empêcher ces pensées de surgir mais on peut les tuer dans l'œuf. L'une des méthodes consiste à simplement remplacer la pensée négative par une pensée positive. Réciter son *mantra* par exemple, se remémorer un échange avec Amma ou encore évoquer délibérément une qualité que possède cette personne.

Une autre méthode, préconisée par Amma, pour évacuer une pensée négative de notre tête consiste à nous demander : « Cette pensée m'apporte-t-elle quelque chose ? Aide-t-elle la société ? M'aidera-t-elle vraiment à me rapprocher du but si je l'entretiens ? Si je ne vois que les aspects négatifs d'autrui, comme arriverai-je à faire l'expérience de l'unité avec tous les êtres de la création ? » Ces questions constituent également un bon moyen de détruire les pensées nocives.

Nous devons maintenant nous demander en quoi le *guru bhava* d'Amma peut nous aider à acquérir *sama*. Apparemment, Amma nous aide à développer *dama* en nous imposant une abstinence quelconque, mais peut-elle intervenir dans l'intimité de notre tête ? La réponse est oui. Amma peut se montrer tyrannique vis-à-vis des résidents de l'ashram dans le domaine du *seva*. Quand elle apprend qu'un travail est effectué avec négligence, elle convoque les responsables. Les reproches qu'elle leur fait s'impriment dans leur mental et les rend plus conscients à l'avenir. Parfois, au lieu de gronder quelqu'un, Amma s'inflige une punition à elle-même, un jeûne souvent. Quand on aime un tant soit peu Amma, on trouve cela déchirant et plus efficace que tout reproche.

Quand je travaillais dans une banque, il m'arrivait de fumer. Je fumais surtout le lendemain des *Devi* ou *Krishna Bhavas* d'Amma pour me maintenir éveillé au travail après une nuit blanche. Mais je commençais à en prendre l'habitude. Une nuit, pendant la brève coupure entre les deux *bhava darshans*, je suis allé chercher une tasse de thé pour Amma dans une échoppe proche. Je me suis dit que je pourrais me fumer une petite cigarette à l'extérieur de la boutique en attendant que le lait bouille. C'est ce que j'ai fait. Quand le thé a été prêt, j'ai éteint ma cigarette, je me suis rincé la bouche et lavé les mains, puis j'ai apporté la tasse à Amma. Dès que je la lui ai tendue, elle m'a dit : « Tu as fumé, n'est-ce pas ? » J'ai reconnu les faits. Elle m'a regardé d'un air gêné, en disant : « Alors, je n'en veux pas. » J'avais vraiment mauvaise conscience parce que je savais qu'elle ne prenait qu'une seule tasse de thé de toute la nuit. Maintenant, à cause de moi, elle ne boirait rien du tout.

Le lendemain, au travail, quand le désir de fumer a surgi, je me suis immédiatement souvenu d'Amma et de l'expression de son regard quand elle m'avait dit : « Je n'en veux pas. » J'ai également repensé au fait qu'elle avait jeûné toute la nuit et j'ai décidé de ne pas fumer. Cela s'est reproduit d'autres fois. Chaque fois que j'envisageais de fumer une cigarette, le jeûne d'Amma me revenait à l'esprit. J'ai ainsi rapidement arrêté de fumer.

Quand Amma manifeste son *guru bhava* et qu'elle nous gronde ou se punit elle-même, cela crée une impression puissante dans le mental. Par désir d'éviter que cela ne se reproduise dans le futur, nous faisons attention au moindre détail de nos actions. Notre travail devient ainsi une méditation. La vigilance acquise dans les situations extérieures nous servira aussi pour les détails intérieurs. Et cette vigilance intérieure est essentielle pour réussir à pratiquer *sama*. En effet, on ne peut espérer supprimer une pensée toxique, à l'aide d'un mantra ou du discernement, que si l'on est conscient de son apparition. La discipline d'Amma joue donc bien également un rôle dans ce secteur.

Uparama

Uparama consiste à ne pas faillir à son *dharma* (devoir, responsabilités) quel qu'il soit. Le dharma d'un père de famille est évidemment différent de celui d'un *brahmachari* ou d'un *sannyasin*. Mais, en tant qu'enfants d'Amma, nous avons des devoirs communs qui sont, entre autres, la pratique quotidienne de l'*archana*, la répétition du mantra personnel, la méditation, le travail bénévole, etc. En fait, notre *dharma* consiste à accomplir tout ce qu'Amma nous dit de faire. A l'ashram, Amma aide les *brahmacharis* à être assidus dans leur pratique d'une façon bien à elle. Par exemple, elle a récemment appris que certains d'entre eux manquaient l'*archana* matinal (la récitation du Lalita Sahasranama[6]) qui commence à 5 heures moins dix du matin. Un mardi, quand tous les résidents ont été réunis pour recevoir son *prasad*, elle a énuméré les noms de tous ceux qui n'avaient pas assisté à l'*archana*. Elle a fait venir les coupables en face d'elle et leur a dit : « C'est un ashram ici ; s'il y a des règles et un règlement, c'est pour votre bien. Voici votre punition : vous allez faire le tour de l'ashram en tapant sur votre gamelle avec une cuiller et en répétant l'engagement suivant « J'assisterai à l'*archana*, je ne commettrai plus cette faute ! J'assisterai à l'*archana*, je ne commettrai plus cette faute ! » Le bruit des cuillers qui frappaient en cadence les assiettes en métal et les voix timides des quelques dix *brahmacharis* a résonné dans tout l'ashram. Quand ils sont revenus dans le temple, Amma a poursuivi : « En matière de spiritualité, nous sommes des élèves de maternelle. Il nous faut suivre des règles et une discipline. Nous avons une certaine vanité concernant notre image, nous nous souviendrons donc de cette punition et nous serons plus vigilants la prochaine fois. En améliorant notre vigilance, nous deviendrons attentifs à la moindre pensée négative qui pénétrera dans le mental. Voilà ce qu'il nous faut atteindre. »

Titiksha

Titiksha consiste à faire preuve de patience et à rester impassible en toute situation, le froid comme la chaleur, le plaisir comme la souffrance, etc. En résumé, cela revient à s'adapter à la situation présente.

---

[6] La récitation des 1000 noms de la Mère Divine

Avec les tours de l'Inde, Amma nous fournit une excellente occasion de pratiquer *titiksha*. Pendant ces tours, les résidents de l'ashram voyagent en bus. Ceux-ci laissent, évidemment, beaucoup à désirer en termes de place pour étendre les jambes, de rembourrage des sièges et d'amortisseurs. Il arrive même, parfois, qu'il n'y ait pas assez de place pour tout le monde et que les *ashramites* doivent rester debout à tour de rôle. Le couloir central est souvent rempli de gamelles, de casseroles, de boîtes, de malles et de haut-parleurs. Les routes sont parfois agréables mais il arrive aussi qu'on ait l'impression de rouler sur les cratères de la lune ! Pendant la journée, il fait très chaud et le bus n'a pas de climatisation. A quoi sert tout cela ? C'est l'une des méthodes d'Amma pour aider ses disciples à augmenter leur niveau de tolérance. La douleur est subjective. La même situation peut produire une douleur insupportable chez quelqu'un ou bien être écartée d'un simple haussement d'épaule par quelqu'un d'autre dont le mental est plus fort. Personne n'entreprendrait un voyage pareil de son propre chef. Cependant, comme ces tours offrent une occasion unique de passer du temps avec Amma, non seulement les résidents de l'ashram, mais également des fidèles du monde entier, aspirent à y participer. Ils comprennent à quel point cette austérité est bénéfique et ils désirent l'affronter pour être plus forts mentalement à la fin du tour.

Shraddha

Shraddha est la confiance et la foi dans les paroles du gourou et des Écritures. En y réfléchissant de plus près, nous risquons de trouver notre foi relativement limitée. « A notre époque, dit Amma, la foi est semblable à un membre artificiel, elle est dépourvue de vitalité. Elle manque de sincérité parce qu'elle n'est pas suffisamment ancrée dans la vie. »

Un homme se promène en montagne et jouit de la beauté du paysage. Il s'approche trop près du bord de la falaise et tombe. Il essaye désespérément d'enrayer la chute avec la main et réussit à agripper la branche d'un vieil arbre qui pousse sur la pente. Terrorisé, il examine sa situation : le haut de la falaise est à 30 mètres, au-dessus de lui, et le fond de la vallée à 300 mètres, au-dessous. Il appelle à l'aide mais personne ne répond. Il recommence mais en vain. Il finit par hurler :

– Il y a quelqu'un ?

– Oui, répond une voix grave, je suis en haut.

– Qui êtes-vous ?

– Je suis Dieu.

– Pouvez-vous m'aider ?

– Oui, bien sûr. Fais-moi confiance.

– D'accord je vous fais confiance. Maintenant, aidez moi, *s'il vous plaît* !

– Bon. Je veux que tu me fasses confiance et que tu lâches prise, répond la voix grave. L'homme est pris de panique, regarde autour de lui, il n'en croit pas ses oreilles.

– Quoi ?

– Fais-moi confiance. Lâche prise et je te rattrape. A ce moment-là, l'homme crie :

– Euh... Y a-t-il quelqu'un d'autre pour m'aider ?

On ne peut pas se forcer à avoir la foi, ce n'est pas une question de discipline. Amma nous aide, cependant, à la faire grandir. Les paroles d'un maître réalisé ont, en effet, un pouvoir et une autorité à nuls autres pareils. C'est parce qu'un maître réalisé énonce des vérités qu'il connaît d'expérience. Aucun texte sacré, aucune affirmation de philosophe ou d'érudit, ne peuvent avoir autant d'impact. Chacune de ses actions, chacune de ses paroles attestent qu'il est établi dans la vérité ultime et qu'il nous est possible de la réaliser.

D'ailleurs, on s'aperçoit que, dans la vie spirituelle, la confiance engendre la confiance. Dans la culture indienne, on cultive la foi d'un enfant dès sa venue au monde. Les rituels de la naissance, les cérémonies de remise du nom, du premier repas solide, de l'initiation à l'écriture, du mariage, etc., sont autant de *samskaras* qui sont tissés tout au long de sa vie. Sa foi dans le pouvoir et la valeur de la tradition religieuse et spirituelle s'enracine ainsi progressivement. Quand il se rend auprès d'un gourou, il a déjà acquis une foi profonde dans les principes spirituels du fait de son expérience personnelle. Sous la tutelle du gourou, sa foi va continuer d'évoluer. Le gourou nous demande souvent, par exemple, d'accomplir une tâche qui nous met en situation inconfortable. Il peut nous demander d'exécuter un travail pour lequel nous sommes totalement incompétents. Si nous avons confiance en lui et passons à l'action sans hésiter, nous nous apercevrons qu'il n'y avait pas de quoi avoir peur et cette découverte va nourrir notre foi. Alors que, si nous cédons à la crainte et refusons d'obéir au gourou, la peur augmente. Un mental guidé par la foi est un excellent serviteur. Mais, livré à lui-même, il devient un tyran.

Samadhana

Samadhana est la parfaite concentration sur un seul point. On ne peut l'acquérir qu'en suivant les pratiques spirituelles prescrites par le gourou : la méditation, le *mantra japa*, toutes les formes de récitations et de chants (Ces techniques seront amplement décrites dans le chapitre 8). Quand notre soif de libération n'est pas suffisante et quand nous sommes livrés à nous-mêmes, la régularité de notre pratique spirituelle laisse à désirer. Mais, à l'ashram, les résidents doivent suivre le strict emploi du temps que leur impose Amma pour les aider à atteindre cette parfaite concentration.

La concentration ne sert pas uniquement à méditer ou à écouter les paroles du gourou. Nous en avons également besoin pour atteindre notre but dans l'existence. Amma appelle ce type de concentration *lakshya bodha*, la conscience du but. A l'ashram d'Amma, vous trouvez un peu partout, dans les ascenseurs, sur les ordinateurs, sur le volant des voitures, des petits autocollants qui vous rappellent de réciter votre mantra. Chaque pensée dédiée au gourou joue le même rôle que ces autocollants si nous avons l'attitude juste.

Ne croyons surtout pas qu'Amma viendra nous annoncer, un beau jour, que notre relation de disciple à gourou va maintenant commencer. Cela ne se passe pas comme cela. Amma évalue la maturité, la capacité de lâcher prise, le détachement, l'aspiration à réaliser le but de chacun de ses disciples et agit en conséquence, en ayant toujours une vue globale. Certains sont pratiquement prêts dès le début, d'autres ont besoin de mijoter encore, pour ainsi dire. Rien n'est tout blanc ni tout noir. Amma nous donne la discipline qui correspond à notre niveau. De plus, tout le monde est différent et n'a pas forcément besoin de recevoir des instructions directes d'Amma. Il y a des gens, qui vivent à l'ashram depuis plus de vingt ans, à qui Amma n'a jamais fait la moindre observation. En revanche, il y a des dévots, qui n'ont jamais mis les pieds à Amritapuri, avec qui Amma s'est montrée très stricte dès le début. Cela montre bien qu'Amma voit les choses d'un point de vue beaucoup plus large que le nôtre. Elle prend en considération le passé, l'avenir et le présent des gens qu'elle guide.

Amma dit qu'il est impossible d'édicter des règles qui seraient valables pour tous les disciples. « Le gourou, précise-t-elle, guide chaque disciple en fonction des *vasanas* (tendances) qu'il a héritées de ses nombreuses vies précédentes. A situation égale, le gourou peut adopter un comportement différent envers deux disciples sans que vous compreniez vraiment pourquoi. Seul le gourou en connaît la raison. Il agit de manière à diminuer les *vasanas* d'une personne donnée et à la conduire au but. Le facteur décisif pour progresser sur la voie spirituelle c'est l'obéissance au gourou. Si deux disciples commettent la même faute, il se peut fort bien que le maître se mette en colère contre l'un d'eux et se montre affectueux avec l'autre, sans prêter attention à son erreur. »

Au bout du compte, le gourou taille en pièces l'ego du disciple. Il est le sculpteur qui, de son ciseau, dégrossit un imposant bloc de pierre. Du point de vue de la pierre, c'est peut-être douloureux mais le maître, lui, perçoit déjà la beauté de la statue qui va naître. Ce n'est pas quelque chose qui se réalise à la va-vite. Le gourou avance précautionneusement. Seul, quelqu'un passé maître dans cet art, peut accomplir une telle œuvre. Les autres ne feront que casser la pierre et passeront à côté de la beauté latente de la sculpture à venir.

La seule différence entre un disciple et une pierre c'est que cette dernière n'a pas d'autre choix que se laisser faire. Un disciple, lui, peut toujours s'en aller s'il en a assez, ce qui arrive d'ailleurs, de temps en temps. Le gourou frappe parfois dans des zones très douloureuses et un *satguru* tel qu'Amma connaît tous les points qui font mal ! En Inde, il y a des gens, qu'on appelle *marmikas,* qui connaissent tous les points d'acupressing du corps et qui sont capables de paralyser quelqu'un d'une simple pression du doigt. Amma leur ressemble. Elle peut nous réduire à l'impuissance d'une seule phrase. En plus, elle a le pouvoir d'en dissimuler la portée au reste de l'entourage. Pour les autres, ce qu'elle vient de dire passera pour une blague, ou pour l'une de ses nombreuses *lilas* (jeux divins), ou même pour un compliment. Seul la personne visée est à même de se rendre compte combien la flèche qu'Amma lui a décochée est acérée et précise.

Cela me rappelle un souvenir qui date de quelques années. Pendant le *darshan*, un dévot demande à Amma :

– Amma, chaque fois que je viens à l'ashram j'entends de magnifiques *bhajans*. D'où viennent ces chants ? Qui les compose ?

– Il y a beaucoup de gens qui écrivent des *bhajans* : des fidèles, des *brahmacharis*, des *brahmacharinis*, des *swamis*, etc. Puis en montrant un *brahmachari* assis près d'elle, elle ajoute : lui aussi, il en a écrit de très beaux.

Cela ressemblait à un compliment mais, en réalité, c'était un coup de ciseau imparable. Il est vrai que ce *brahmachari* avait composé plusieurs *bhajans* pour Amma mais elle n'en avait encore chanté aucun. En fait, la semaine précédente, il avait abordé ce point avec Amma :

– Amma, je t'ai offert plusieurs *bhajans* mais tu n'en as jamais chanté un seul ! Tu chantes ceux des autres dès qu'ils te les donnent et, pourtant, je suis convaincu qu'ils sont moins beaux que les miens. Je sais bien que tu les aimes plus que moi.

– Mon fils, tu dis que tu as « offert » des chants à Amma, mais est-ce bien vrai ? Ce que nous offrons réellement ne nous appartient plus. Cela appartient à celui à qui nous l'avons offert. C'est cela un vrai cadeau. Ton « cadeau » s'accompagne de beaucoup de conditions.

Les *bhajans* qu'il avait composés étaient peut-être d'une excellente qualité sur le plan esthétique et technique, mais Amma, étant son gourou, se souciait moins de chanter d'excellents *bhajans* que de lui donner une bonne leçon à propos de son ego[7] qui se prenait pour l'auteur de ces chants. Amma garde sans cesse à l'esprit notre intérêt essentiel. Bien que ces expériences soient douloureuses, elles sont précieuses. Amma prend le temps de ciseler, de corriger, de polir. Je me souviens d'un poème à la gloire du gourou :

Quand tu te sens pris au piège comme
Une souris entre les pattes d'un chat
Sache que le gourou te serre
Très fort sur son cœur.

Vivons avec cette conviction bien ancrée en nous. Sinon, à l'instar du *brahmachari* qui avait « offert » des chants à Amma, nous

---

[7] En fait, Amma a chanté ses *bhajans* une semaine plus tard.

risquons de nous mettre à juger notre gourou, croyant, à tort, qu'il a agi en fonction de ses préférences personnelles plutôt que dans notre intérêt spirituel. Il y avait une famille qui vivait à Amritapuri. Tous ses membres semblaient très proches d'Amma mais, lorsque le *guru bhava* s'est manifesté, ils ont eu vite fait de plier bagages et de quitter l'ashram, disant « Guruvayurappan[8] nous suffit ! Les fidèles prient constamment Dieu de se manifester devant eux mais, quand il le fait, ils ne tardent pas à souhaiter qu'il retourne d'où il vient !

Le gourou intérieur

Le *satguru* ne se contente pas de nous faire remarquer nos défauts, il nous apprend à les voir par nous-mêmes. Le monde devient progressivement un miroir qui reflète notre négativité et nos défauts. Amma dit que, en fait, le but du gourou est de nous aider à éveiller le gourou intérieur. Quand nous atteignons ce stade-là, le monde entier devient notre gourou. Où que notre regard se porte, en famille, au travail, en société, même dans la nature, nous voyons l'enseignement que nous a transmis le gourou extérieur. C'est ce qui est arrivé à Amma, dès son enfance.

« Toute chose en ce monde est le gourou d'Amma, dit-elle. Dieu et le gourou sont en chacun de nous mais, tant que l'ego est présent, nous n'en sommes pas conscients. L'ego, comme un voile, nous cache le gourou intérieur. Quand vous aurez découvert le gourou intérieur, vous le verrez dans tout l'univers. Quand Amma a découvert le gourou en elle, tout, depuis le moindre grain de sable, est devenu son gourou. Vous allez peut-être vous demander si une épine était également son gourou. Oui, car, lorsque vous vous êtes piqué le pied avec une épine, vous faites davantage attention à l'endroit où vous mettez les pieds. Cette épine vous empêche donc de vous piquer à nouveau et vous évite, par la même occasion, de tomber dans un trou. Amma considère

---

[8] Shri Krishna vénéré dans un temple célèbre près de Trissur.

aussi son corps comme un gourou parce que, en réfléchissant au fait que le corps est mortel, nous prenons conscience que la seule réalité c'est le Soi. Tout ce qui entourait Amma a contribué à l'amener vers la bonté. Pour cette raison, Amma traite toute chose avec déférence. »

Le rôle du gourou consiste à nous mener jusqu'à ce stade-là. Cela ne veut pas dire qu'il nous abandonne ensuite. Au contraire, le gourou est alors constamment avec nous. Il mange avec nous, il marche à nos côtés, il travaille avec nous, il dort même avec nous. Il en est ainsi parce que son enseignement est devenu une part de nous et ne nous quitte plus. De plus, nous sommes habités par la certitude que le cosmos tout entier est imprégné de l'essence du gourou, de la conscience. Quand nous en sommes arrivés là, le voyage se poursuit en train express. Pas moyen de descendre. Nous vivons sans cesse en communion avec le *satguru*.

Chapitre quatre

Le rôle de l'ashram d'Amma

« Un ashram est beaucoup plus qu'un ensemble de bâtiments
inertes, de temples et d'arbres. C'est l'incarnation même
de la grâce du gourou. C'est une institution essentielle,
dynamique et vivante, qui stimule le désir des aspirants
spirituels sincères à arriver au stade de l'union. »

— Amma.

Il n'existe pas de lieu plus propice à l'évolution spirituelle que l'ashram d'un maître éveillé. Amritapuri est un genre d'université, un endroit idéal pour étudier, mettre en pratique et assimiler l'enseignement spirituel. Une fois qu'on y est, on n'a plus besoin d'aller ailleurs.

Amritapuri ressemble souvent davantage à un champ de foire qu'à un ermitage, néanmoins Amma nous fournit tout ce qui est nécessaire à notre croissance spirituelle, à la fois sur le plan physique et au niveau subtil. A cet égard, elle a délibérément fait de son ashram un microcosme, une réplique du monde « réel », où nous rencontrons toutes sortes de personnes et de situations. A condition d'avoir l'attitude juste, cet ashram nous aide à évoluer spirituellement. Vivre à l'ashram c'est un peu comme apprendre à nager en piscine plutôt qu'en pleine mer. Amma est le maître nageur et, sous son regard attentif, nous apprenons et assimilons petit à petit tous les mouvements de natation qu'il faut connaître pour garder la tête hors de l'eau lors des vicissitudes de l'existence. Nous sommes ensuite capables de nager n'importe où. Comme le dit Amma : « Les vagues de l'océan font le délice d'un bon nageur mais terrorisent et, parfois, tuent celui qui ne sait pas nager. »

Beaucoup de gens éprouvent le sentiment d'être chez eux à l'ashram d'Amma. Dès leur première visite, ils ont l'impression d'être enfin arrivés « à la maison ». A la date où ce livre est publié, il y a plus de 3000 résidents qui vivent à temps plein à l'ashram, *sannayasins*, *brahmacharis* et laïcs. De plus, Amritapuri étant l'un des cinq campus universitaires Amrita, il héberge environ 3000 étudiants. En outre, des gens du monde entier arrivent chaque jour avec l'intention d'y séjourner quelque temps, six mois parfois. Il y a aussi des milliers de visiteurs qui passent la journée à l'ashram pour recevoir le *darshan* d'Amma. Cet ashram, naguère une simple maison où vivaient les parents d'Amma, est devenu un village à part entière.

Amma compare souvent l'ashram à une immense famille élargie. En Inde, la tradition veut que l'épouse vienne vivre dans la famille du mari. Le nouveau couple habite, sinon dans la même maison que les parents, en tout cas, dans la même propriété. Certains de ces regroupements familiaux sont énormes. En 2007, nous sommes allés rendre visite à des dévots qui habitaient près du temple de Shri Ranganathan à Tirucciparelli. Ils devaient être soixante-dix membres de la même famille à vivre ensemble. Mais il y a mieux ! A Lakkur, dans le Karnataka, vit une famille constituée de 170 personnes ! Autrefois, c'était le cas de la plupart des familles. De nos jours, la famille nucléaire supplante la famille élargie et l'idée dominante c'est que deux parents et leurs enfants sous le même toit, cela suffit bien. Et dès que les enfants sont en âge d'être indépendants, ils décident d'aller s'installer dans leur propre logement. A bien y regarder, affirme Amma, on s'aperçoit que les enfants élevés dans les grandes familles deviennent plus mûrs et plus résistants que les enfants « uniques » ou ceux ayant une fratrie limitée à un ou deux éléments.

Amritapuri est une famille élargie à la puissance 1000. Les membres d'une famille élargie parlent tous la même langue et partagent la même culture. En revanche, à Amritapuri, les gens viennent de tous les horizons (une cinquantaine de pays sont représentés) et parlent des langues différentes ! Amma compare cet assemblage disparate de personnes, vivant et travaillant ensemble, au tambour d'un gigantesque sèche-linge dans lequel on aurait mis des centaines de pierres brutes. Les pierres s'entrechoquent et se frottent les unes contre les autres. Leurs arêtes rugueuses finissent par s'émousser et les pierres par devenir polies, lisses et brillantes.

Cette situation est à l'opposé de celle que nous voyons dans le monde d'aujourd'hui. Chacun se cache des autres. L'employé se cache de son patron, le mari de sa femme, la femme de son mari, les enfants de leurs parents et les parents de leurs enfants ! Amma dit que « dans une famille de quatre personnes, chacun vit comme sur une île déserte.»

Cela me rappelle un dessin humoristique que m'a montré un dévot : une femme énorme, armée d'un rouleau à pâtisserie, regarde sous un lit en hurlant : « Sors de là si tu es un homme ! » Qui est caché sous le lit ? Son mari ! Petit et maigre, il est recroquevillé tout au fond de l'espace entre le sol et le lit. Il réplique : « C'est moi l'homme de la maison, je sortirai quand je voudrai !»

Nous pensons que c'est par choix que nous menons une vie solitaire mais, en réalité, nous nous laissons emprisonner par nos sentiments d'insécurité et notre hypersensibilité. Nous revendiquons le droit de rester béatement sous le lit comme si nous avions remporté une grande victoire et nous ne nous rendons pas compte que nous nous privons de tout le reste de la maison !

A notre époque, tout le monde veut avoir une chambre à soi, un bureau à soi, une voiture à soi. Même les appareils censés augmenter les possibilités de communication, comme les téléphones portables et internet, ne nous servent qu'à nous isoler davantage.

En conséquence, notre génération actuelle est totalement incapable d'affronter sereinement la moindre difficulté. Et quand un conflit éclate malgré tout, soit nous sombrons dans la dépression soit nous explosons de rage. Sur notre île déserte, il n'y a personne pour mettre des limites à notre ego et à notre égoïsme. Nous devenons centrés sur nous-mêmes et incapables de prendre en considération les sentiments et les opinions des autres.

A Paris, en 2007, dans le cadre du festival « Cinéma Vérité, Amma a prononcé un discours intitulé « La compassion, la seule voie vers la paix. » Amma a longuement parlé de l'absence d'harmonie entre les êtres humains et la nature. Elle a aussi dressé la liste de tout ce que l'on pourrait faire pour redresser la situation. Elle a, entre autres, suggéré de recourir au covoiturage. Elle en a d'abord énuméré les nombreux avantages : moins de pollution, moins de gaspillage de carburant, moins de circulation, etc., puis elle a ajouté : « Le bénéfice le plus important du covoiturage c'est davantage d'amour et de coopération entre les gens. » Il est donc clair que, pour Amma, l'isolement individuel a de graves répercussions sur le mental des gens et sur la société toute entière. La vie à l'ashram fonctionne comme un grand covoiturage !

L'ashram est un environnement idéal pour la pratique spirituelle. Comme nous le verrons dans les chapitres suivants, on peut globalement diviser la pratique spirituelle en trois parties : le *karma yoga*, la méditation et la connaissance du Soi. Le *karma yoga* (qui sera détaillé dans le chapitre 5) a pour but essentiel de nous aider à acquérir *vairagya* c'est-à-dire à dépasser nos préférences personnelles pour atteindre tout au moins une relative sérénité. Pour mettre le *karma yoga* en pratique, il n'y a pas meilleur endroit qu'Amritapuri. Si l'on veut surmonter un problème, il faut d'abord en être conscient. A Amritapuri, il n'y a aucune possibilité de s'isoler, il n'y a pas de lits sous lesquels se cacher. Si l'on persiste à vivre en fonction de ce qu'on aime et de ce qu'on n'aime pas, on risque fort de trouver cet endroit inconfortable. En revanche, si l'on comprend que les désirs et les aversions nous limitent et qu'ils sont, en définitive, indésirables, Amritapuri constitue un parfait terrain d'entraînement.

À l'ashram, les occasions de pratiquer *tapas* (austérité délibérée) sont infinies. On apprend la patience en faisant la queue pour le repas ou pour recevoir le *darshan* d'Amma. On s'entraîne à pratiquer *titiksha* (sérénité devant la difficulté) à chaque tentative de fendre la foule à contre-courant, les jours de fête comme Onam ou l'anniversaire d'Amma. On peut dépasser son addiction au sommeil en décidant de veiller auprès d'Amma. On peut surmonter sa dépendance à la bonne nourriture. On peut découvrir qu'on n'a pas nécessairement besoin d'un lit luxueux ni d'une chambre individuelle et qu'on peut dormir comme un bébé sur une natte en paille, au milieu de deux autres personnes, dans une pièce de 4 mètres sur 4. On peut dépasser son aversion pour le bruit et apprendre à être paisible en toutes circonstances.

On m'a raconté un jour une histoire drôle à propos d'un pays où tout prend beaucoup de temps. Un homme a besoin d'une voiture. Il se rend chez le marchand de voitures qui lui montre deux modèles. Il fait son choix et paye. Le concessionnaire lui dit :

– Vous pourrez venir la chercher dans 10 ans, jour pour jour.

L'acheteur demande :

– Le matin ou l'après-midi ?

– Quelle importance ?

– C'est que le plombier doit venir ce matin-là.

Cela ne veut pas dire que l'ashram ressemble à un pays mal organisé ni que l'on doive souffrir sans raison, mais plutôt que l'on peut acquérir de nouvelles qualités, comme la patience, en affrontant sereinement les situations difficiles avec une attitude positive. De plus, la présence d'Amma et ses vibrations nous aident à rester centrés en dépit des défis que nous rencontrons.

En ce qui concerne le deuxième type de pratique spirituelle, la méditation, Amritapuri est également un endroit rêvé. C'est presqu'un paradoxe. Comment un tel endroit, bourdonnant d'activité comme une ruche, peut-il être propice à la méditation ? Ceux qui viennent à Ammritapuri se posent généralement cette question. Pourtant, s'ils tiennent le coup quelques jours, ils s'aperçoivent que, malgré l'agitation extérieure, ils ressentent une plus grande paix intérieure. On peut être entouré de dix mille personnes à l'ashram et ressentir, néanmoins, une certaine solitude. On ne peut attribuer ce fait qu'à la présence d'Amma, d'un maître éveillé. C'est également sa présence, d'ailleurs, qui nous permet de surmonter nos attractions et répulsions dans la pratique du *karma yoga*. La présence d'un être éveillé est vraiment unique et transformatrice.

« On ne trouve pas toujours de l'eau à l'endroit où l'on creuse, même en profondeur, dit Amma. Mais, à proximité d'une rivière, on en trouve aisément, sans avoir besoin de creuser beaucoup. La proximité d'un *satguru* facilite la tâche aux disciples d'une manière analogue. Votre pratique portera des fruits sans que vous ayez beaucoup d'efforts à faire. »

Amma a l'expérience de la vérité ultime et son mental est béatitude absolue pour l'éternité. De ce mental si pur, il émane une vibration de paix et de sérénité. Celle-ci se répand autour d'elle et influence le mental des gens qui sont proches. Elle imprègne tout l'ashram. C'est pour cette raison que beaucoup de gens éprouvent une sensation immédiate de détente et de paix à leur arrivée à l'ashram. Même des journalistes n'ayant aucun penchant pour la spiritualité disent souvent l'avoir éprouvée. Cela ressemble au phénomène dit de vibration sympathique : une entité vibrant à une fréquence donnée engendre la même fréquence vibratoire dans d'autres entités. On en trouve une illustration symbolique dans divers tableaux représentant des saints entourés de lions et d'agneaux, paisiblement allongés à côté d'eux. La peur de l'agneau et la férocité du lion sont neutralisées par la puissance de la vibration de paix qu'émet le mental du mahatma.

Toutes sortes de gens viennent à l'ashram. Il y a même des touristes qui se promènent en bateau sur la lagune et font un saut à l'ashram. Ils donnent vraiment l'impression de porter le poids du monde sur leurs épaules. On voit bien que leur existence est un fardeau même quand ils sont en vacances. Je dois dire qu'ils éveillent ma curiosité. Pourquoi ? Parce que je sais que, s'ils restent une semaine ou deux à l'ashram, ils vont énormément se transformer. Leur démarche changera, leur façon de parler et de sourire également. Ils auront l'air en meilleure santé physique et mentale, leur visage qui était assombri de nuages gris s'éclairera d'une lumière particulière. Je ne peux attribuer cette métamorphose qu'au pouvoir de la vibration émanant d'Amma. C'est cette vibration puissante qui pousse notre mental à méditer spontanément. Il est donc beaucoup plus facile de se concentrer sur les mantras qu'on récite, de visualiser des objets de méditation et de rester centré sur Dieu en général, quand on est auprès d'Amma.

En ce qui concerne *jnana yoga*, Amritapuri offre, là encore, un environnement idéal. En plus des enseignements d'Amma et des séances de questions-réponses qu'elle anime régulièrement, il y a des cours sur les textes sacrés de référence comme les Upanishads, la Bhagavad Gita et les Brahma Sutras. Les sessions de questions-réponses avec Amma sont merveilleuses : chacun a le droit de poser toutes les questions qu'il veut. De plus, elle répond toujours en fonction du niveau de compréhension de l'interlocuteur. On ne peut pas trouver dans un livre ce genre de réponses sur mesure. Amritapuri est l'endroit parfait pour étudier les textes sacrés, clarifier ses doutes et au, bout du compte, assimiler la connaissance spirituelle. Dans l'ambiance paisible de l'ashram d'Amma, on réfléchit plus volontiers ; il est plus facile de pratiquer divers niveaux de *sakshi bhava* (être témoin) et de contempler la vérité du Soi.

Amma dit que la terre d'Amritapuri a été labourée par ses larmes, par l'ascèse qu'elle a pratiquée, et qu'elle pratique toujours, pour le bien du monde. C'est que ce qui en a fait une terre sacrée. Amritapuri est donc un champ extrêmement fertile pour cultiver *bhakti*, la dévotion. Pour Amma, la dévotion n'est pas le culte d'un dieu particulier mais l'amour le plus pur, sans limites, sans attentes, sans conditions. La dévotion trouve son aboutissement dans le total abandon de soi au divin. Elle s'exprime différemment suivant le niveau d'évolution du chercheur spirituel mais le sentiment intérieur, lui, reste toujours le même. Simplement, il devient plus fort. Beaucoup de personnes qui viennent à Amritapuri ne comprennent même pas le sens du mot dévotion mais cela n'empêche pas la *bhaki* de naître en eux. A force d'entendre Amma chanter des *bhajans* en y mettant tout son coeur, de voir l'extase qui la saisit quand elle appelle Dieu de divers noms, nous nous transformons rapidement et notre cœur se remplit d'amour pour Dieu. Bhakti cesse d'être un concept et devient le centre de notre être.

Le simple fait de se promener dans l'ashram stimule l'envie de s'engager ou de persévérer dans la pratique spirituelle. L'ashram est, pratiquement en tous points, le contraire de notre demeure. Une maison familiale a tout au plus une petite pièce consacrée à Dieu et le reste sert aux besoins de la famille. L'ashram est une immense salle de *puja*.[1] Nous nous sommes créés un foyer confortable : nous avons accroché aux murs des portraits de famille ou des photos de vacances, nous avons installé une télévision, acheté un divan moelleux…toutes choses qui témoignent des limitations de notre petite personne et d'un désir de profiter du confort. A

---

[1] Pièce qui, dans chaque maison indienne, est traditionnellement réservée à l'usage de la prière, de la méditation et des rituels.

la maison, nous sommes souvent les seuls à nous lever de bonne heure pour réciter l'*archana*, méditer ou étudier les Écritures. Quand nous sommes en silence, les autres membres de la famille font la fête. Quand nous essayons de jeûner, ils préparent l'un de nos plats favoris. Cela me rappelle un dessin humoristique où l'on voit un adolescent de la classe moyenne, assis dans sa chambre. Il porte un vêtement de *brahmachari*. Il a la tête rasée à l'exception d'une mèche et il tient un tambourin à la main. Ses parents sont debout sur le seuil de sa porte. Manifestement, ils n'apprécient pas la vie que leur fils a choisie. La mère dit : « Ton père et moi voulons que tu saches que nous serons 100 pour 100 avec toi si tu décides de te remettre à la drogue. »

L'ashram est exactement le contraire. Tous les portraits représentent des dieux ou des mahatmas. Où que notre regard se porte, nous ne voyons que des gens vêtus de blanc, symbole de pureté ou de jaune, symbole du renoncement. Tout est imprégné d'Amma. Le sol de l'ashram est couvert de ses empreintes. La lagune nous évoque l'époque où elle la traversait en bateau ou s'y baignait avec ses amis d'enfance. L'océan nous rappelle les moments où, assise au bord de l'eau, Amma, en extase, chantait « Shrishtiyum Niye ». Bien sûr, quand Amma est à l'ashram, on peut à tout moment aller la regarder donner le *darshan*. Tous les soirs, les *bhajans* ont lieu en présence d'Amma ! Il n'y a pas d'atmosphère plus inspirante que celle de l'ashram d'un maître vivant.

Ici, nous bénéficions des avantages d'une *sangha* (compagnie spirituelle). Tout le monde se lève tôt, médite, assiste aux *bhajans*, etc. Les gens s'entraident et réveillent ceux qui n'ont pas entendu la cloche matinale. Cela nous pousse à persévérer toutes les fois où nous renoncerions si nous étions livrés à nous-mêmes. Il est plus facile d'apprendre à lire à l'école que tout seul.

Les quatre étapes de la vie

Selon les Védas, la vie se découpe en quatre *ashramas* (stades) : *brahmacharya ashrama, grhasta ashrama, vanaprastha ashrama* et *sannyasa ashrama* [2]. Vers l'âge de sept ans, les petits garçons allaient dans un ashram pour vivre en *brahmachari* et recevoir l'enseignement, religieux et scolaire, d'un gourou. Ensuite, quand ils atteignaient vingt ans environ, la plupart d'entre eux s'orientaient vers la vie de *grhasta* (mariage) et une petite minorité, qui n'avaient pas le désir de fonder une famille, devenaient directement *sannysasins* (moines). On n'entrait pas dans la vie conjugale pour entretenir ses désirs. On mettait à profit cette étape de la vie pour, certes, accomplir certains de ses désirs, mais aussi pour purifier son mental grâce à la pratique du *karma yoga*. Celui-ci permet d'accéder à une certaine maturité et de comprendre qu'on ne peut pas trouver le bonheur éternel par la simple réalisation de ses désirs. Quand leurs enfants étaient devenus adultes et que le couple était libre de toute responsabilité, les deux parents quittaient leur maison pour mener une vie de *vanaprastha* et méditer dans la forêt. Quand ils étaient prêts mentalement, ils renonçaient même à être mari et femme et entraient alors dans *sannyasa ashrama*.

Pour diverses raisons, ce système a, pour ainsi dire, complètement disparu au cours des deux derniers siècles. Amma dit qu'il ne servirait à rien d'essayer de le remettre en vigueur car ce serait courir à l'échec. Au lieu de faire revenir le passé, il vaut mieux se concentrer sur l'avenir : comment aller de l'avant tout en préservant, autant que possible, les valeurs traditionnelles. C'est dans ce but que l'ashram d'Amma a été créé : offrir un endroit où des personnes de tout milieu puissent vivre ensemble et s'entraîner aux différents exercices spirituels qui se pratiquaient autrefois au cours des quatre *ashramas*.

---

[2] Ces quatre étapes sont : la vie d'étudiant, la vie de famille, la vie d'ermite et la vie de moine.

La vie à l'ashram n'est pas une fuite des responsabilités. Une fois qu'on s'est engagé dans une voie, il faut aller jusqu'au bout. Les personnes qui veulent être *brahmachari* ou *brahmacharini* à l'ashram d'Amma sont en général des jeunes qui ont fini leurs études et qui ne sont pas mariés. Ces jeunes, de moins de trente ans, ont l'intention de consacrer toute leur vie à la voie spirituelle. Ils ne prennent pas de vœux formels mais ils s'engagent intérieurement. Entrer à l'ashram c'est renoncer à la vie de couple et de famille. Amma conseille souvent à ces jeunes, qui veulent mener une vie spirituelle, de commencer par passer un an à l'ashram et de voir comment leur mental réagit à la discipline et au règlement. Ensuite, s'ils ont l'impression d'avoir suffisamment de détachement, ils peuvent s'installer définitivement. Certains d'entre eux seront, au bout de plusieurs années, initiés solennellement au *brahmachaya* et Amma leur remettra elle-même un vêtement jaune. Les *brahmacharis* et *brahmacharinis* suivent une formation de moines et de moniales. Ils respectent des règles de conduite strictes et purifient leur mental par le *seva* et la méditation.

Outre les *brahmacharis* et *brahmacharinis*, des centaines de familles habitent également à Amritapuri. Venus d'Inde et de l'étranger, des parents ont choisi de vivre à l'ashram et d'y élever leurs enfants. Certains d'entre eux conservent un travail à l'extérieur. D'autres se consacrent à temps plein aux diverses activités caritatives et institutions gérées par l'ashram. Il y a également beaucoup de couples de retraités si bien qu'Amritapuri abrite des *grhastashrami* (personnes mariées) et des *vanaprasthashrami* (ermites).

Et, enfin, il y a les *sannyasins*, anciens *brahmacharis*, qui ont été directement initiés par Amma à une vie de renoncement total. Ils ne vivent plus pour satisfaire leur intérêt personnel mais pour servir le monde. D'après Amma, un *sannyasin* devrait faire le vœu de servir autrui de façon désintéressée. Il est censé avoir réalisé qu'il n'est ni le corps, ni le mental ni l'intellect et devrait être établi dans *l'atma* (le Soi). Amma a exposé sa conception de *sannyasa* dans un discours qu'elle a prononcé, en 2007, devant une assemblée de *sannyasins*. « Un vrai *sannyasi* éprouve toujours du contentement, quoi qu'il fasse. *Atma samapanam* (l'abandon de soi) est le secret du bonheur. Autrement dit, un *sannyasin* devrait être capable d'agir sans s'attacher. Le non-attachement n'est possible que grâce au lâcher prise. Ce qui fait la singularité et l'excellence d'un *sannyasin*, c'est la compassion qui emplit son cœur et qui lui permet d'être heureux de sacrifier son confort personnel pour autrui. Seul un véritable *sannyasin* peut amener quelqu'un d'autre à changer. » En réalité, *sannyasa,* tout au moins sur le plan mental, est le but ultime de la vie spirituelle. C'est cela que s'efforcent d'atteindre les personnes des différents *ahramas* (les autres étapes de la vie). C'est l'aboutissement de la vie humaine.

Nous voyons donc que l'ashram d'Amma accueille tous ceux qui ont assez de maturité et de détachement pour mener une vie simple et se consacrer à leur évolution spirituelle. Ceci dit, il n'est pas nécessaire que tous les fidèles d'Amma viennent vivre à l'ashram. Cela ne convient pas forcément à toutes les situations. C'est une décision personnelle. Il est plus important de faire de votre foyer un ashram que de vous installer à Amritapuri. Vivez la vie qui est la vôtre, faites vivre votre famille, assumez vos responsabilités familiales et purifiez votre mental en mettant en pratique l'enseignement d'Amma. Traitez les membres de votre famille comme des incarnations de Dieu. Servez-les et aimez-les en tant que tels. Votre foyer deviendra un vrai ashram ! Amma affirme : « Un vrai *grhastahrami* c'est celui qui fait de son *grham* (sa maison) un ashram. »

Amma insiste sans cesse sur le fait qu'il est plus important de se mettre mentalement au diapason que d'être proche physiquement. « L'amour abolit toute distance. Le lotus a beau être à des milliards de kilomètres du soleil, il ouvre ses pétales quand le soleil brille. A l'opposé, vous pouvez être assis tout à côté d'un poste de radio et, si vous n'êtes pas sur la bonne fréquence, rater votre émission favorite. Un moustique ne pompe que du sang sur le pis d'une vache, jamais du lait. »

Amma nous a fait cadeau de milliers de groupes de *satsang* qui fleurissent dans le monde entier. Grâce à ses ashrams, ses centres, ou les maisons qui accueillent les fidèles d'Amma, nous pouvons nous réunir régulièrement pour chanter des *bhajans*, réciter les noms divins d'Amma et organiser des activités caritatives bénévoles. Ces rencontres entretiennent notre motivation et notre enthousiasme pour la pratique spirituelle. Un groupe de *satsang* peut également jouer un rôle de soutien dans les moments difficiles que l'un ou l'autre de ses membres traverse. Mais il ne faut pas oublier que le seul et unique but de ces groupes est de nous aider à orienter notre vie vers la Vérité *(sat)*. Ces réunions nous offrent un moment de répit dans notre vie quotidienne et une occasion de croissance spirituelle. Oublions donc les commérages, les conversations futiles et l'esprit de compétition !

D'ailleurs tout le monde peut, et il semble que c'est ce qui se produit depuis peu, se rendre à Amritapuri. Séjourner quelques jours, semaines ou mois dans l'ashram d'Amma est une merveilleuse manière de trouver de l'inspiration et de renforcer le lien avec Amma. Venez donc, restez quelques semaines ou quelques mois, rechargez votre batterie spirituelle et emmenez ensuite l'ashram et Amma dans vos bagages quand vous rentrez chez vous.

Chapitre cinq

Purification du mental par le karma yoga

« Le service désintéressé est le savon qui purifie le mental. »

– Amma

Une impureté est un corps étranger introduit dans une substance par ailleurs homogène. Les êtres humains n'acceptent pas les impuretés, qu'elles soient physiques ou mentales. Quand nous apercevons une tache sur notre corps, nous approchons spontanément la main pour essayer de l'enlever. Nous agissons de même avec les impuretés mentales. Celles-ci viennent essentiellement de nos attirances et de nos répulsions. Dans son état originel, le mental est semblable à la surface d'un lac, clair et immobile. Il est un simple voile qui laisse transparaître le Soi, pure source de béatitude. Les désirs sont des pierres jetées dans ce lac. Plus le désir est intense, plus la pierre est grosse, plus la perturbation du mental sera importante. Une bonne façon de calmer cette perturbation consiste à réaliser le désir, ce que font la majorité des gens. Inlassablement, ils poursuivent ce qui les attire et fuient ce qui leur répugne, sans jamais comprendre que la motivation psychologique réelle de leur démarche, c'est simplement de trouver la paix.

Il est malheureusement impossible, nous dit Amma, de déraciner définitivement un désir en le réalisant. Le désir disparaît après avoir été satisfait, mais seulement temporairement. Tôt ou tard, il refera surface avec davantage d'intensité et perturbera d'autant plus le mental. C'est un cycle sans fin. Amma compare ce processus au fait de gratter une plaie qui démange. Au début, on éprouve un soulagement, mais la démangeaison revient et la lésion s'est infectée. On peut aussi comparer le désir à un voyou qui cherche à nous soutirer de l'argent. Si nous lui cédons aujourd'hui, il demandera davantage demain. Il commence par nous réclamer vingt euros, puis il en exigera trente. Plutôt que céder pour avoir la paix, envoyons-le balader. Toute tentative d'obtenir une paix durable par la *satisfaction* des désirs étant inévitablement vouée à l'échec, il vaut mieux les *transcender*, disent les Écritures.

La transcendance totale ne viendra qu'avec *moksha* (la libération), l'aboutissement de la vie spirituelle, quand nous aurons la certitude absolue que « nous ne sommes ni le corps, ni les émotions, ni l'intellect mais la conscience éternelle, à jamais établie dans la félicité, qui est le cœur de notre être. » Seule, cette compréhension peut définitivement éradiquer le désir. Le désir s'enracine dans l'ignorance de notre identité réelle. Nous nous identifions au corps et nous redoutons les blessures et la mort. Nous nous identifions au *prana* (l'énergie) et nous redoutons la maladie. Nous nous identifions au mental, à ses désirs et ses répulsions, et nous sommes bouleversés quand les circonstances extérieures ne correspondent pas à nos attentes. Tout cela à cause d'un simple malentendu au sujet de notre identité. Le corps, les émotions du mental, l'intellect, sont des entités limitées dans le temps et l'espace. Du fait de ces identifications, il est tout à fait normal que nous sentions en nous des limites et des manques et que nous cherchions à améliorer la situation. Comment procédons-nous ? Nous regardons autour de nous, nous découvrons des objets que nous ne possédons pas. « Ah ! Si seulement je pouvais avoir ceci ou cela…, nous disons-nous. » Et un cercle vicieux s'installe. Aucun remède extérieur ne guérira cette blessure intérieure, il n'apportera qu'un soulagement provisoire.

On ne peut transcender complètement les désirs qu'après avoir saisi quelle est notre nature réelle. Mais il s'agit d'une démarche très subtile qu'on ne peut effectuer avec un mental en permanence assailli de désirs. La situation semble donc sans issue. Les sages et les saints nous disent : « Tu ne pourras jamais transcender tes désirs sans un mental paisible. » Et à la question : « Comment pacifier le mental ? », ils répondent : « Transcende tes désirs. » Où se trouve la solution ? Dans le *karma yoga.* Celui-ci est un entraînement à passer outre nos préférences personnelles. Il permet de purifier le mental et de le rendre apte à la subtile démarche de la réalisation du Soi. C'est là son objectif ultime. Mais, comme nous le verrons, il présente également des avantages à court terme.

Karma yoga signifie « yoga de l'action[1] ». C'est une certaine façon d'agir qui mène à l'union du soi individuel et de l'*atma,* le Soi. Cependant, dans la Bhagavad Gita, Krishna emploie le terme *karma yoga* à propos de *buddhi yoga,* le yoga de l'intellect. C'est que le *karma yoga* n'est pas fondé sur une action spécifique mais sur une attitude mentale. Sortir le chien, faire une *puja* traditionnelle, dessiner les plans d'un pont, toute action est du *karma yoga* pourvu qu'elle soit effectuée avec l'attitude qui convient. Inversement, même le rituel védique le plus élaboré ou le service désintéressé restent de simples actions si cette attitude mentale fait défaut.

Deux membres du parti de l'opposition montent dans l'avion qui doit les emmener dans la capitale. L'un s'assoit près du hublot et l'autre sur le siège du milieu. Juste avant le décollage, un membre du parti au pouvoir monte à bord et prend la place près du couloir. Après le décollage, il enlève ses chaussures, se dégourdit les orteils pour s'installer confortablement quand l'homme assis près de la fenêtre dit :

– Je crois que je vais aller chercher un coca.

– Pas de problème, répond le membre du parti au pouvoir, je vais vous le chercher. A peine a-t-il disparu que le membre du

---

[1] Yoga vient de la racine sanscrite jug : joindre et karma signifie action.

parti adverse s'empare d'une de ses chaussures et crache dedans. Quand notre homme revient avec le verre de coca, le deuxième membre du parti adverse dit :

– Oh ! Il l'air bon, j'en prendrais bien un également. De nouveau, notre homme va obligeamment, au nom de la patrie, lui chercher le verre désiré. Dès qu'il tourne les talons, son adversaire politique crache à son tour dans l'autre chaussure. A son retour, les trois hommes inclinent leur siège et profitent du bref voyage pour se détendre.

A la fin du vol, notre homme enfile ses chaussures et se rend immédiatement compte de ce qui s'est passé. Avec de la tristesse dans la voix, il dit :

– Combien de temps cela va-t-il durer ? Quand vont cesser ces batailles entre nos deux partis, cette haine, cette animosité qui nous fait cracher dans des chaussures et uriner dans des verres de coca ?

Cette blague illustre le fait que, tant que l'on n'est pas au courant de l'ensemble de la situation, on ne peut pas vraiment comprendre une action donnée. De même, ce n'est qu'en connaissant l'attitude mentale qui accompagne une action et sa motivation réelle que nous pouvons déterminer s'il s'agit de *karma yoga* ou non.

Comme Amma nous le rappelle sans cesse, les résultats d'une action dépendent d'un grand nombre de facteurs extérieurs. Acceptant cette réalité, le *karma yogi* se concentre sur l'action et en accepte le résultat, quel qu'il soit, sans état d'âme. C'est l'attitude que Krishna recommande à Arjuna :

karmanyevādhikāraste mā phaleshu kadācana |

Cherche à accomplir ton devoir mais n'en réclame pas les fruits.

Bhagavad Gita 2. 47

En y réfléchissant bien, on s'aperçoit que cette affirmation est d'une logique imparable. Point n'est besoin d'une perspective spirituelle, il suffit d'avoir du bon sens pour y adhérer dans la vie de tous les jours. Prenons l'exemple d'un entretien d'embauche. Nous pouvons nous préparer à l'entrevue pendant des mois avec l'aide d'un ami qui nous fait répéter notre rôle, nous pose des questions et peaufine nos réponses. Nous avons tout loisir de choisir le costume et la couleur de la cravate que nous porterons ce jour-là. Nous pouvons travailler notre sourire devant le miroir et la fermeté de nos poignées de mains. Nous pouvons décider d'acheter des chaussures à 300 euros et de nous offrir une coupe de cheveux à 200 euros. Nous avons pratiquement l'entière maîtrise de ces actes, nous pouvons prévoir, réfléchir, calculer tant que nous voulons. Nous gardons le contrôle de la situation jusqu'au moment où l'interviewer pose la première question. Dès que nous commençons à parler, nous perdons tout contrôle, il n'y a plus rien à faire, nous subissons maintenant la loi de cause à effet qui gère les forces universelles. L'interviewer peut être de bonne humeur ou contrarié par des événements précédents. Nos réponses peuvent lui rappeler des souvenirs, bons ou mauvais. Tout peut arriver. Quand nous quittons son bureau, ne nous tracassons pas sur l'issue de l'entretien car elle ne dépend pas de nous. Il ne sert à rien de nous interroger sur les réactions de l'interviewer à nos réponses, cela ne changera rien à l'opinion qu'il a de nous.

Une fois que l'on a compris que l'on peut contrôler une action mais pas le résultat qui en découle, on cesse de s'inquiéter du résultat et on cherche plutôt la perfection de l'action elle-même. C'est ainsi qu'agit un *karma yogi*. Il mène une vie sans souci, il vit la quiétude de l'instant présent.

Les variantes de karma yoga

Ce qu'il y a de magnifique dans le *karma yoga*, c'est qu'il a plusieurs variantes possibles. Celles-ci présentent des différences subtiles. Pour autant qu'on respecte l'essence du concept (faites de votre mieux sans vous préoccuper du résultat), chacun peut choisir la variante qui correspond à sa constitution mentale personnelle. Une forme de *karma yoga* fréquemment adoptée consiste à se considérer comme le serviteur de Dieu ou du gourou. Mais on peut très bien pratiquer le *karma yoga* sans croire en Dieu, pourvu qu'on accepte les lois fondamentales de l'action : il est possible de contrôler une action mais pas ses conséquences. Amma nous le confirme : « Il importe peu de croire en Dieu ; ce qui compte c'est de servir la société correctement. » Pour bénéficier des avantages du *karma yoga,* il suffit de porter son attention sur l'action elle-même plutôt que sur les résultats escomptés. Tant que nous respectons ce critère, nous sommes libres de choisir la variante de *karma yoga* qui nous plaît.

Quand Amma était enfant, elle accomplissait les tâches ménagères en les dédiant à Krishna[2]. Qu'elle fût en train de balayer, de faire la lessive, la cuisine, de s'occuper des vaches, etc., elle y mettait tout son amour, toute sa tendresse, tout son soin et toute sa dévotion. Je me rappelle, à ce propos, comment Amma, il y quelques années, a aidé un nouveau *brahmachari* à acquérir cette attitude. Un jour, pendant le *darshan*, il est venu lui énumérer les différents *sevas* qu'il faisait alors. Comme ce n'était pas Amma en personne qui lui avait attribué ces responsabilités, il voulait s'assurer que c'était bien cela qu'elle voulait qu'il fasse. Amma a répondu par l'affirmative et, pour bien enfoncer le clou, elle a ajouté : « C'est *Moi* qui t'ai enjoint de faire tout cela. » Après ce

---

[2] Amma dit qu'elle a une totale compréhension de sa nature réelle depuis la naissance. Mais pour donner l'exemple, elle pratiquait et pratique toujours le *karma yoga*, la méditation ou la contemplation.

darshan, il a pu considérer tout ce qu'il effectuait comme commandé directement par Amma et adopter l'attitude appropriée.

Le type de *karma* yoga sur lequel insiste la Bhagavad Gita consiste à faire de chacune de nos actions un *yajna*, une offrande à Dieu, en gage de gratitude pour tous ses bienfaits. A bien y penser, on s'aperçoit que Dieu nous donne beaucoup mais que nous considérons généralement ces bienfaits comme un dû.

Un homme donnait dix euros à un mendiant, chaque fois qu'il touchait sa paye. Cela dura plusieurs années, jusqu'au jour où il ne lui donna plus que trois euros. Quelques mois passèrent ainsi et, un jour, le mendiant l'interpella :

– Tu m'as donné dix euros pendant des années et maintenant tu ne me donnes plus que trois euros. Ce n'est pas sérieux !

– Hé bien, vois-tu, j'ai un enfant maintenant et mon budget est plus serré. Le mendiant répliqua du tac au tac :

– Quoi ? Tu veux dire que tu élèves ton fils avec mes sous ?

Notre corps, notre famille, notre logement, notre esprit, nos organes des sens, l'univers lui-même, sont autant de dons de Dieu. C'est en reconnaissance de sa bénédiction que nous lui offrons nos actions.

Un dévot m'a confié une expérience qui illustre ce point. Il avait récemment subi une intervention chirurgicale et passé une semaine à l'hôpital. A sa sortie, il avait examiné la facture détaillée des soins et s'était aperçu qu'on lui avait facturé 1500 euros pour l'oxygène. Il m'a dit : « Swamiji, je n'avais jamais réalisé que l'air coutait si cher ! Cela fait soixante ans que je respire vingt-quatre heures sur vingt-quatre et Dieu ne m'a pas encore envoyé de facture ! » C'est exact. Nous vivons sur cette terre et Dieu ne nous fait payer aucun loyer. En réalité, les cinq éléments, l'espace, le vent, le feu, l'eau, la terre, n'appartiennent qu'à Dieu. La deuxième variante de *karma yoga* consiste donc à prendre conscience des bienfaits de Dieu et à lui montrer notre gratitude en lui dédiant nos actes.

Un *yajna* est un rituel traditionnel dans lequel on offre divers présents au Seigneur. Soit on jette ces offrandes dans un feu, soit on les dépose aux pieds de la statue ou du portrait de la divinité. Quand le rituel est achevé, les offrandes sont devenues *prasad* (offrande consacrée) et le dévot en prend une partie. Une variante de *karma yoga* consiste à voir un *yajna* en chacune de nos actions. C'est-à-dire que nous considérons son résultat comme étant le *prasad* de Dieu. En réalité, dit Amma, la vraie dévotion ne se limite pas à passer vingt minutes par jour, assis dans sa salle de *puja*, à offrir des fleurs à une statue ou un portrait. C'est la vie toute entière qui doit devenir dévotion. Le rituel effectué dans la salle de *puja* n'est que le symbole de ce que doit devenir notre vie. La *puja* est une représentation miniature de notre existence. La statue est une représentation à l'échelle réduite du Seigneur omniprésent et tout-puissant. L'offrande des fleurs représente l'offrande de chacune de nos actions. Une *puja* de quelques minutes, effectuée avec concentration et dévotion, est le symbole d'une vie entière de dévotion. Amma nous dit que « le vrai temple c'est notre cœur, c'est là que nous devons installer Dieu. Nos bonnes pensées sont les fleurs que nous lui offrons, nos bonnes actions sont les gestes rituels, nos bonnes paroles sont les chants sacrés. L'amour est l'offrande divine. » Quand nous accueillons tout ce que nous recevons de la vie comme le *prasad* de Dieu, nous n'éprouvons plus de stress, de peur ni d'énervement par rapport au résultat de nos actes. Si nous arrivons à considérer que tout est le *prasad* de Dieu, rien de ce que nous amène l'existence ne pourra jamais nous déprimer. Nous connaîtrons la paix de l'acceptation : ce que j'ai reçu auparavant était un don précieux de Dieu, ce que je reçois aujourd'hui et ce que je recevrai dans l'avenir l'est également.

Une variante de *karma yoga* spécialement adaptée aux

chercheurs spirituels qui sont attirés par la démarche intellectuelle consiste à simplement comprendre que le fait de transcender attirances et répulsions fait partie intégrante du processus de la réalisation du Soi. Quand l'aspirant spirituel accepte cette logique rationnelle, il change d'objectif : il se désintéresse du résultat de l'action pour s'intéresser à l'action elle-même, dans le seul but de purifier son mental de ses désirs.

Une autre variante qu'Amma cite souvent consiste à nous considérer, non pas comme l'auteur de l'action, mais comme l'instrument au moyen duquel l'action s'accomplit. « Quand nous agissons, dit-elle, essayons de penser que nous sommes un instrument dans la main de Dieu, comme un pinceau dans la main d'un peintre, ou un stylo dans la main d'un écrivain. Prions Dieu de nous permettre de devenir, entre ses mains, un instrument de plus en plus pur. » Un instrument n'a pas d'opinions ni de désirs personnels, il ne fait qu'exécuter ce qu'on lui ordonne. Si c'est Dieu qui tient les rênes de notre vie, notre seul désir sera de suivre notre *dharma* : accomplir les actions préconisées par notre gourou et par les Écritures et éviter celles qui sont proscrites.

Quelle que soit la forme de *karma yoga* que nous choisissons, si nous pratiquons sincèrement, nous obtiendrons immédiatement une certaine égalité d'humeur. C'est pourquoi, en expliquant à Arjuna ce qu'est le *karma yoga*, Krishna dit : « *samatvam yoga ucyate* » (le *karma yoga* c'est l'équanimité). Grâce à la pratique, le mental du *karma yogi* cesse de courir après ce qu'il désire et de fuir ce qu'il déteste. Il lui est ainsi plus facile d'observer sa vie, de réfléchir, d'évaluer et d'analyser rationnellement ses expériences ; ce qui l'amène à découvrir certaines vérités. Où que se porte son regard, quoi qu'il fasse, où qu'il aille, ces vérités lui apparaissent avec clarté. Cela influence radicalement et définitivement sa façon de penser.

La nature des objets

Quelles sont donc ces vérités pures ? Premièrement, en ce monde, tout accomplissement s'accompagne de souffrance. On souffre pour obtenir une chose que l'on désire, pour la garder quand on l'a eue, et quand on la perd. Deuxièmement, tous les objets peuvent engendrer une dépendance. Enfin, rien ni personne ne nous contente réellement. Toute tentative d'être heureux au moyen d'objets extérieurs se heurte à ces trois inconvénients.

Pour obtenir quoi que ce soit, il faut lutter. Plus l'objectif est difficile à atteindre, plus la lutte est âpre. Prenons l'exemple d'un candidat aux élections présidentielles. Sans parler de tous les efforts qu'il a déjà faits pour être candidat, il a beaucoup à accomplir avant les élections : il lui faut se déplacer sans cesse, faire des discours, être patient et circonspect. Dans certains pays, un candidat doit participer à des débats, serrer des mains, et même embrasser des enfants. Il doit également veiller au choix des mots qu'il emploie et à chacun de ses gestes. Sinon, la presse ou les candidats adverses profiteront du moindre lapsus pour le mettre en pièces. Un homme engagé dans la politique m'a récemment dit que les candidats aux élections prenaient souvent des pilules pour arriver à suivre le rythme effréné de la campagne électorale ! Oui, il faut vraiment souffrir et lutter pour obtenir ce que l'on désire. Ensuite, s'il a la chance d'être élu, l'homme politique doit montrer encore davantage d'habileté pour gérer les conflits internationaux, les problèmes économiques, l'agitation sociale, le budget... Toutes ses décisions vont être analysées, passées au crible et l'opposition tentera de le renverser. S'il a échappé à l'ulcère d'estomac pendant la campagne électorale, il en sera, à coup sûr, victime lors du combat qu'il doit mener pour se maintenir à son poste. Car il faut se battre pour conserver ce que l'on a obtenu. Et finalement, à la fin de son mandat, quand il quitte son bureau, en dépit de toutes les difficultés qu'il a rencontrées dans sa carrière, il se sent déprimé. Ce sort n'est pas réservé aux présidents ni aux ministres. Bien des gens dépriment quand ils prennent leur retraite. Le travail leur donnait un but dans la vie et maintenant, ils se sentent démunis. Il est douloureux de perdre ce que l'on a, c'est certain.

Grâce à l'introspection profonde que permet la pratique du *karma yoga*, nous découvrirons la vérité suivante : rien de ce que l'on obtient ne nous contente vraiment. Ne l'avons-nous pas expérimentée ? A peine recevons-nous une augmentation que nous pensons déjà à la suivante. Nous nous sommes d'abord satisfaits d'un lecteur de cassettes puis nous avons voulu un lecteur de CD, puis un mp3 puis un ipod...ipod touch, iphone... Très certaine-ment, d'ici que ce livre paraisse, de nouveaux produits seront appa-rus. Le progrès scientifique et technologique n'a rien de mauvais en soi. Ce n'est pas lui qui pose problème. Le problème, c'est la croyance que le bonheur est à portée de main. Nous serons heu-reux quand nous aurons eu notre café, l'augmentation attendue, une épouse, un enfant, la maison de nos rêves, la retraite.... C'est illusoire. Rien ni personne ne peut nous rendre définitivement heureux. J'ai lu un essai dans lequel l'auteur racontait comment il était venu à bout d'une obsession à propos de sa voiture. Il avait acheté une voiture, l'avait repeinte et laborieusement astiquée jusqu'à ce qu'elle reluise. Il avait passé une deuxième couche de peinture et, voyant que la voiture avait vraiment meilleure allure, il avait décidé d'ajouter une troisième couche, une quatrième, une cinquième, une sixième. Il avait ainsi passé trente deux couches de peinture sur sa voiture avant de réaliser qu'il filait un mauvais coton, qu'il risquait de recommencer indéfiniment. A chaque couche supplémentaire, la voiture brillait avec plus d'éclat. « Si trente deux couches produisent un tel résultat, qu'en sera-t-il à la cent trente deuxième ? » Il s'est rendu compte qu'il avait un choix à faire : soit il consacrait sa vie à poursuivre une chimère, soit il vendait sa voiture.

La pratique du *karma yoga* nous rend plus conscients et nous permet de comprendre qu'il est vain d'espérer que la réalisation de désirs matériels soit une source de contentement. Certains s'en rendent compte après la deuxième couche de peinture, d'autres à la vingt septième et d'autres encore passent leur vie entière à repeindre, meurent et recommencent dans leur existence suivante.

Et enfin, le *karma yoga* nous aide à prendre conscience qu'il est très facile de devenir dépendant : que ce soit du café, de la télévision, d'internet, du téléphone portable ou de la pizza... Comme l'exprime fort bien ce dicton : « Au début, c'est moi qui l'ai possédé, maintenant c'est lui qui me possède.. » Un gourou explique à son disciple ce qu'est le sentiment de possession : « Tu crois peut-être posséder quelqu'un ou quelque chose mais, en réalité, ce quelqu'un ou cette chose te tiennent également. » A côté d'eux, chemine un homme qui conduit un veau attaché par une corde. Le gourou s'approche et détache le veau. Celui-ci détale. Le vacher bouleversé le poursuit en courant. « Alors, dit le gourou, lequel des deux est attaché à l'autre ? Le veau était attaché par une corde et le vacher l'est par son attachement. »

Les drogues et l'alcool sont, bien sûr, les dépendances les plus évidentes. Les gens qui se mettent à boire finissent inéluctablement par ne plus pouvoir s'en passer. Les relations personnelles peuvent aussi évoluer ainsi. On entend souvent les gens dire après une rupture: « Je ne peux pas vivre sans elle ! »

Quand on s'est aperçu des aspects négatifs que présente immanquablement le désir d'être heureux grâce au monde extérieur, les objets matériels finissent tout naturellement par perdre leur attrait. C'est ce que le Védanta appelle *vairagya* (détachement) et, comme nous l'avons vu dans le chapitre trois, c'est une qualité essentielle pour qui espère réaliser le Soi. Comment peut-on méditer, étudier les textes sacrés, pratiquer la contemplation, quand le mental est attiré par des objets extérieurs ? De plus, tant que l'on nourrit des désirs pour des objets extérieurs, on ne se met pas en quête de la véritable source de bonheur. Il faut être lassé de l'éphémère pour se mettre à chercher l'éternel.

Amma a écrit un *bhajan (Ishwari Jagadishwari)* qui illustre merveilleusement bien cette prise de conscience et ses répercussions sur la personnalité :

J'ai vu que cette vie de plaisirs matériels n'est que misère
Ne permets pas que je connaisse l'agonie du papillon
Qui, attiré par la lumière, se jette dans le feu...
Ce qui est aujourd'hui demain ne sera plus.
Incarnation de la Conscience, tout ceci est ta divine illusion.
Car ce qui existe vraiment ne connaît pas la destruction.
Ô toi, l'éternelle, montre-moi le chemin de la libération !

Un chercheur spirituel doit faire preuve de beaucoup de détachement. Pour expliquer combien celui-ci est important, Sant Jnaneshwar, un saint du treizième siècle, a écrit, dans un commentaire sur la Bhagavad Gita, qu'il est aussi dangereux de s'intéresser aux objets du monde que de prendre un python pour oreiller, de pénétrer dans l'antre d'un tigre ou encore de sauter dans une fournaise. Et encore j'ai choisi les comparaisons les moins violentes ! Il veut dire qu'il faut, à cette étape de la vie spirituelle, considérer que le plaisir des sens n'est pas seulement vain mais mortellement dangereux.

Les Écritures nous enseignent que, pour atteindre le véritable *vairagya*, nous devons avoir appris, par expérience personnelle, que l'attachement à certains objets du monde engendrait des effets négatifs et être capables d'étendre ce savoir à tous les objets du monde, y compris ceux dont nous n'avons pas l'expérience. Il n'y a pas besoin de manger un kilo de piments pour savoir qu'ils brûlent la langue !

Le jour de son couronnement, un roi nomme son plus vieil ami, un homme très intelligent, ministre. La première consigne qu'il lui donne c'est de compiler toute l'histoire du monde dans un recueil. Le ministre se met immédiatement à la tâche et, dix ans plus tard, il revient avec cinquante volumes qui racontent et analysent en détail tous les événements recensés depuis l'aube de l'humanité. Le roi se trouve dans son jardin d'agréments, avec la reine, en train d'écouter les meilleurs musiciens du royaume. Il jette un œil sur les cinquante volumes, fait une grimace et dit : « C'est beaucoup trop ! Pourrais-tu, s'il te plaît, raccourcir cette histoire ? »

Le ministre accepte et prend congé du roi. Il revient, dix ans plus tard, avec une édition en dix volumes. Le roi est très occupé car son royaume est ravagé par une épidémie et il consacre toutes ses journées à tenter de l'enrayer. Il congédie donc son ministre : « C'est encore trop long, je n'ai pas le temps. Peux-tu la réduire encore ? »

De nouveau, le ministre accepte et se retire. Quand il revient, cinq ans plus tard, il n'apporte qu'un seul volume. « Voici, dit-il, toute l'histoire de l'humanité condensée en un seul livre. » Or un conflit vient d'éclater entre deux factions rivales du royaume et le roi est très occupé à rétablir l'ordre. Jetant un regard à l'ouvrage de son ami, il réplique: « Désolé, mais c'est encore trop long, je n'ai pas le temps de le lire, essaie d'être plus concis. »

Le ministre se remet à la tâche et réduit tant bien que mal son œuvre à un seul chapitre. Un an plus tard, il se présente au palais et trouve le roi sur le point de partir à la guerre contre le royaume voisin qui a envahi une partie de son territoire. « Pas le temps, raccourcis encore ! » dit-il, en lançant son cheval au galop.

Une semaine s'écoule et le ministre se rend au quartier général du roi, installé à deux kilomètres du front. Il trouve le roi couché, mortellement blessé. Le ministre regarde son ami affaibli, à bout de forces, et voit que sa fin est proche. « J'ai fait ce que tu voulais, j'ai réduit l'histoire de l'humanité à une page, lui dit-il. »

Le roi regarde son ministre et dit : « Mon ami, je suis désolé, mais le temps m'est compté. Avant que je ne meure, dis-moi vite l'essentiel de ce que tu as appris pendant toutes ces années de travail. Le ministre hoche la tête en signe d'acquiescement et, les larmes aux yeux, répond : « Les gens souffrent. »

L'histoire confirme que cela est vrai. Personne n'a jamais rien obtenu sans lutte. Aucun objet perçu par les sens n'a réussi à contenter définitivement qui que ce soit. Et personne n'a jamais joui d'un objet sans courir le risque d'en devenir dépendant. Certains apprennent ces leçons rapidement. D'autres ont besoin de plusieurs vies.

Beaucoup de personnes croient qu'elles seront heureuses si elles font des études mais cela ne se vérifie pas. Elles essaient alors de trouver une satisfaction dans leur vie professionnelle mais sans succès. Elles tentent alors le mariage mais, bien sûr, cela ne les rend pas heureuses non plus. Beaucoup se disent que c'est faute d'avoir trouvé le conjoint idéal et se remarient une fois, deux fois, trois fois... Certains essaient même de trouver des partenaires étrangers, américains, indiens, allemands, japonais... « Mariez-vous si vous voulez, disent les sages et les saints, mais ne comptez pas là-dessus pour être heureux. Rien de ce qui appartient aux trois mondes ne vous apportera la satisfaction que vous recherchez. Chercher le contentement à l'intérieur de vous-mêmes. »

Comme nous l'avons brièvement mentionné dans le chapitre précédent, ne plus vivre en fonction de ses attirances et de ses aversions n'a rien à voir avec le refoulement. Les sages affirment que celui-ci ne mène qu'à la dépression. On transcende les désirs et les aversions, on les sublime autrement dit, parce qu'on en a bien compris les tenants et les aboutissants.

Un disciple débutant vient voir son gourou et lui confie

qu'il est hanté par des pensées de femmes. Quand il est assis en méditation, il voit des mannequins ou des stars de cinéma valser dans son esprit. Il est réellement désemparé par ces visions. Le gourou l'écoute tranquillement mais ne dit rien. Le lendemain, cependant, il l'appelle et lui remet un objet, peu épais, enveloppé de papier journal. Il dit au disciple de l'emporter dans sa chambre, d'ouvrir le paquet et de déposer l'objet qu'il contient sur son autel, à gauche de la statue de sa divinité d'élection. Le disciple prend congé du gourou et suit ses instructions. Mais après avoir déballé l'objet, il s'aperçoit que c'est une photo de femme, belle et séduisante. Choqué, il se précipite chez le gourou et l'interroge : « Pourquoi agir ainsi ? Je t'ouvre mon cœur, je te confie un grave problème et tu te moques de moi avec cette photo ! Que cherches-tu ? » Le gourou ne répond rien, il ferme les yeux et médite. Le disciple est très contrarié mais il finit par se calmer. Au bout d'un moment, il se dit : « Mon gourou est un maître réalisé, il ne m'induirait jamais en erreur. Il y a peut-être quelque chose à découvrir là-dedans. » Il installe donc la photo sur son autel à côté de la statue qui en occupe le centre.

Désormais, quand il s'assoit pour méditer, il a deux divinités devant lui : le Dieu Eternel et la star de cinéma. Il lui arrive bien souvent de méditer sur la femme. Il s'imagine voyager avec elle, plaisanter, échanger des confidences et l'épouser. Chaque jour amène de nouvelles aventures et il attend l'heure de la méditation avec de plus en plus d'impatience.

Mais, un beau matin (toujours pendant sa méditation), alors qu'ils se promènent ensemble au bord de la plage, elle remarque soudain un bel inconnu ! Peu de temps après, elle s'enfuit avec lui et notre jeune disciple se retrouve tout seul. Il tente de l'appeler mais elle ne répond pas au téléphone. Il a le cœur brisé et se sent très malheureux. Finalement, elle prend contact avec lui.....pour entamer une procédure de divorce ! Le jeune homme se représente le procès : elle le dépouille de tous ses biens. Il est maintenant seul, sans le sou, moralement démoli. Le disciple ouvre les yeux et revient à la réalité. Les deux images posées côte à côte sur l'autel le regardent. Il réalise alors combien l'amour divin est parfait et désintéressé et combien l'amour humain est égoïste. Il prend conscience que son maître, en lui donnant la photo, loin de se moquer de lui, a fait preuve d'une profonde compassion. Il court se prosterner aux pieds de son gourou.

Le gourou ne voulait pas que son élève *réprime* ses pensées de femmes mais qu'il les *transcende* en comprenant la nature de l'amour humain. En lui faisant mettre les deux portraits côte à côte, il a amené le disciple à les comparer et à se détacher des femmes.

Le disciple de cette histoire est déjà d'un très haut niveau. Il a réussi à atteindre le détachement par la simple contemplation. Il n'a pas eu besoin de céder à son désir. La plupart des gens n'ont pas cette capacité. Quand un désir naît, essayons d'utiliser notre discernement pour le contrer. S'il continue à nous harceler, nous succomberons peut-être à la tentation. Il n'y a rien de mal à cela tant que nous restons fidèles au *dharma*. Mais, quand nous cédons au désir, essayons de rester vigilants et de voir les limites de l'objet désiré. Cela nous donnera la force de transcender le désir. Quand nous aurons clairement compris où mène le désir, notre attirance pour le plaisir et le confort cessera d'elle-même. « On ne passe pas sa vie dans la rivière, on s'y baigne pour se laver et se rafraîchir, dit Amma. »

Voici une strophe de la Mundaka Upanishad qui illustre ce propos :

parīkṣya lokān karma-citān
brāhmaṇo nirvedamāyāstyakṛtaḥ kṛtena |

« *Après avoir vu les défauts de tout ce qu'on obtient par l'action, et avoir compris que rien d'éternel ne s'acquiert par l'action, une personne sage devrait renoncer à l'action*[3]. »

Mundaka Upanishad 1.2.12

Les saints nous conseillent donc de tester ce qu'offre le monde jusqu'à ce que nous ayons une vision claire. Allez dans le monde, examinez le plaisir et le confort qu'il offre. Faites votre propre expérience. Une fois que vous vous serez rendu compte que cela ne vous rend pas heureux, comprenez qu'il en sera de même avec tout ce que propose le monde. Il n'est pas nécessaire de tout essayer. Ensuite, cessez d'agir dans le but d'être heureux et cherchez à réaliser le Soi, la véritable source de toute félicité. Vous continuerez d'agir (car il faut bien manger) mais sans associer l'action au bonheur. Vous passerez alors de l'action intéressée à l'action désintéressée.

Les bienfaits du karma yoga

Le but premier du *karma yoga* c'est d'apprendre à se détacher des objets ainsi que des satisfactions du monde et de stimuler son ardeur à la recherche du Soi. Mais, comme l'avons mentionné dans l'introduction de ce chapitre, le *karma yoga* présente aussi des avantages propres. C'est donc une attitude bénéfique, même pour les personnes dites « non spirituelles. »

Le premier avantage du *karma yoga,* c'est de nous aider à améliorer la qualité de nos actions. Reprenons l'exemple du candidat qui se présente à un entretien d'embauche. S'il est un *karma* yogi, il a compris qu'il n'a de contrôle que sur ses actes et non sur le résultat de ceux-ci. Cela lui permet de se concentrer totalement sur l'écoute des questions qui lui sont posées, sur la réflexion et sur la réponse. Il est évident que les performances sont meilleures

---

[3] Dans ce contexte, il s'agit de l'action intéressée. Il ne s'agit pas de l'action désintéressée accomplie dans le but de purifier le mental au cours une démarche spirituelle.

quand la concentration est totale. Quelqu'un qui se demande anxieusement ce que l'interviewer a pensé de sa première réponse aura du mal à se concentrer sur la deuxième question. Dans le monde du sport, ce concept est très valorisé. En 2000, un psychologue du sport, HA Dorfman, a écrit un livre intitulé : « L'ABC mental du lanceur de balles : Comment améliorer ses performances.» Dans ce manuel fort apprécié des professionnels du baseball, il est dit que le lanceur ne doit penser qu'à trois choses : le choix du lancer, l'endroit, le gant de celui qui rattrape la balle. Si d'autres pensées lui viennent à l'esprit, il doit faire une pause et retrouver l'attitude mentale juste avant de reprendre. A la fin, Dorman conclut qu'un lanceur ne doit pas mesurer sa réussite au nombre de fois que le batteur frappe ses balles. Il vaut mieux, dit-il, qu'il se demande s'il a lancé la balle comme il le désirait.

Pourquoi certains sportifs finissent-ils par perdre alors qu'ils avaient l'avantage ? Parce qu'ils se polarisent sur la possibilité de perdre. Rappelez-vous, vous avez sûrement eu ce genre d'expérience dans l'enfance : au moment crucial d'une fin de match, c'est sur vous qu'est retombée la responsabilité de marquer, vous avez paniqué et loupé votre coup. C'est dans le basketball qu'on trouve les meilleurs exemples de ce phénomène. Dans ce sport, quand un joueur est victime d'une faute commise par un joueur de l'équipe adverse, il a souvent droit à deux coups francs. Pour un basketteur professionnel, c'est un panier relativement facile à réussir. Il est face au panier, à une distance de 5 mètres, et personne n'intercepte le ballon. Le taux officiel de réussite (d'après l'association nationale de basket) est d'environ 75%. Mais que se passe-t-il dans les situations « de grand stress » quand, par exemple, à deux minutes de la fin d'un match, les deux équipes sont à égalité à deux ou trois points près ? Le joueur ressent davantage de pression. Il n'y a pourtant aucune raison : c'est exactement le même lancer de ballon qu'en temps ordinaire. Certes, mais si l'on s'autorise à penser à l'importance du tir au lieu de se concentrer sur le lancer du ballon lui-même, la performance en souffre. C'est pourquoi, d'après les statistiques, le taux de réussite dans ces situations stressantes baisse de 2,3 points. En résumé, on est plus efficace lorsque l'on se concentre sur l'action plutôt que sur le résultat.

Cela ne veut pas dire qu'il ne faille pas s'intéresser au résultat. Quand le résultat est là, il faut évaluer avec calme et logique ce qui a été bien fait comme ce qui a été mal fait et en tenir compte la prochaine fois.

L'attitude de *karma yoga* offre, en deuxième lieu, l'avantage de mieux profiter de la vie. Nous sommes pratiquement toujours en train d'agir mais les résultats principaux de l'action, eux, ne se manifestent que ponctuellement. Nous concentrer sur ce que nous sommes en train de faire donne un sentiment de paix et de joie. Prenons l'exemple de la vaisselle. Si nous ne pensons qu'au résultat : avoir toute la vaisselle propre, sèche et rangée dans le placard, nous ne serons satisfaits qu'une fois la vaisselle terminée. Mais si nous mettons l'accent sur l'action elle-même, nous ressentirons du plaisir pendant toute la durée de la vaisselle. Je suis persuadé que nous avons tous remarqué cela. Si nous ne pensons qu'à finir une tâche au plus vite, celle-ci est une corvée. Si nous nous abandonnons à l'instant présent, n'importe quelle activité, qu'il s'agisse de faire la vaisselle, de creuser une tranchée ou de repasser, devient une partie de plaisir.

A ce propos, il est intéressant de remarquer que, même pour profiter de ce que la vie nous offre, il faut être capable d'avoir un certain contrôle sur nos désirs. Sinon, nous risquons de passer à côté du plaisir : il suffit qu'un autre désir fasse irruption et détourne notre attention. Imaginez un repas de noce qui offre tout ce que vous aimez : du riz, des légumes épicés, des lentilles, des currys tous plus délicieux les uns que les autres, des tas de pickles, des chips de bananes, des desserts, etc. Vous commencez à manger et vous êtes immédiatement au paradis des sens ! Mais, soudain, vous vous apercevez que vous avez terminé votre portion de pois chiches. Vous continuez de manger mais vous avez la tête ailleurs car vous essayez de repérer le serveur qui doit faire le deuxième service de pois chiches. Vous appréciez, certes, la nourriture qui est dans votre assiette, mais pas autant que si vous n'aviez pas d'autre préoccupation.

Quand je me suis installé à l'ashram, il n'y avait qu'une poignée de résidents. A l'exception des moments où Amma donnait le *darshan,* nous l'avions pratiquement toute à nous. C'est une situation difficile à imaginer aujourd'hui quand on voit les milliers de visiteurs qui viennent recevoir le *darshan.* Nous pouvions rester assis à côté d'Amma pendant des heures et parler avec elle autant que nous voulions sans risquer de léser qui que ce soit. Je me souviens d'un *Devi Bhava* où Amma m'avait appelé près d'elle et me parlait de choses et d'autres, répondait aux questions que je lui posais et se montrait très affectueuse avec moi. A un moment donné, elle a posé ma tête sur ses genoux et je suis resté dans cette position pendant qu'elle continuait de donner le *darshan.* Je crois que cela a duré plus d'une heure. Vu de l'extérieur, j'étais au paradis ! Certainement, mais au bout d'une demi-heure, un autre *brahmachari* s'est mis à jouer des tablas (percussions) et je me suis souvenu que, en fait, c'était à mon tour de jouer ! A cette époque, j'éprouvais une vraie passion pour les tablas. Je venais juste de m'y mettre et j'avais l'enthousiasme des débutants. Ce *brahmachari* et moi jouions à tour de rôle (il est bien possible qu'il y ait eu quelque rivalité entre nous). Tandis que ma tête reposait sur les genoux d'Amma, je me suis dit : « Quel toupet ! Il sait bien que c'est à moi de jouer ! Il aurait dû venir me demander la permission de me remplacer. » J'avais beau avoir la tête posée à l'endroit le plus paisible du monde, j'avais l'esprit envahi par la pensée de l'autre *brahmachari* qui jouait des tablas ! J'écoutais ce qu'il jouait et je m'imaginais en train de jouer la même chose, et de toutes mes forces, *sur sa tête* ! Amma connaissait évidemment le contenu de mes pensées et, dès la fin des *bhajans*, elle m'a dit de me lever et de laisser la place à quelqu'un d'autre. A cause de mon intense désir de jouer des tablas, j'ai été perdant sur les deux tableaux : je n'ai pas joué et j'ai raté l'occasion de profiter de la présence d'Amma. Je peux, aujourd'hui, vous confier que je ne suis plus jamais jaloux d'un joueur de tabla, mais je n'ai plus, non plus, la possibilité de reposer ma tête, pendant une heure, sur les genoux d'Amma !

C'est pour cela qu'Amma dit que l'enfer n'est pas un lieu, mais un état d'esprit, de même que le paradis. Quand le mental est vraiment purifié, qu'il ne fonctionne plus sur le mode attraction/répulsion, on peut être heureux en toute circonstance, aussi bien en enfer qu'au paradis. En revanche, si le mental est empli de désirs inassouvis, on peut vivre un enfer, même si l'on est au paradis.

Le troisième bienfait que l'on peut obtenir du *karma yoga* est décrit dans un célèbre verset de la Bhagavad Gita :

nehābhikramaṇāśo'sti pratyavāyo na vidyate |

« *Dans le karma yoga, aucun effort n'est jamais vain, aucun geste n'est nocif.* »

Bhagavad Gita 2. 40

Si une action échoue, alors qu'elle a été effectuée avec l'attitude mentale de *karma yoga*, il n'y a rien à regretter. Le mental a été purifié et il y a toujours une leçon à tirer de ses erreurs. Mais, si l'action est essentiellement motivée par le résultat escompté, on est perdant en cas d'échec. Imaginez un écrivain qui passerait des années à écrire un manuscrit sans arriver à trouver un éditeur qui accepte de le publier. S'il a pour seul objectif de devenir un romancier connu, l'échec est total. Il est complètement frustré et considère toutes ses années de labeur comme un gâchis. Déprimé par l'échec, il ne retire rien du tout de cette expérience. Si, au contraire, il avait écrit avec l'attitude préconisée par le *karma yoga*, il aurait appris beaucoup de choses sur l'écriture, l'édition, la nature humaine et sur lui-même.

Travailler dans l'esprit du *karma yoga* ne profite pas seulement à l'individu qui agit mais à la société toute entière. Le karma yogi recherche, en effet, la perfection de l'action, il fait toujours de son mieux. Ce n'est, malheureusement, pas l'attitude la plus souvent rencontrée dans le domaine du travail. Au contraire, la vie de bureau semble suivre la devise suivante : « Faire le minimum et gagner le maximum. »

On m'a montré la liste de toutes les astuces qu'on peut utiliser pour donner l'impression d'être très occupé quand, en réalité, on ne fait rien. Trois d'entre elles m'ont particulièrement séduit : 1) Ne jamais ranger son bureau pour laisser croire qu'on n'a pas de temps à perdre pour quelque chose d'aussi mineur que le nettoyage. 2) Laisser traîner une vieille paire de lunettes (si l'on en porte) pour donner l'impression qu'on reviendra sous peu, alors qu'on est déjà parti. 3) Acheter une minerve, la peindre couleur chair, et se la mettre autour du cou pour pouvoir dormir assis à son poste.

Les gens qui ne travaillent que pour la paye s'économisent, dorment toute la journée et tirent au flanc. S'ils le peuvent, ils arrivent en retard le matin, allongent la pause déjeuner et partent une demi-heure en avance. Ce sont des comportements courants dans les lieux de travail.

Tout ce qu'a entrepris l'ashram pour aider les victimes du tsunami de 2004, à la différence des secours organisés par l'état, a été effectué avec l'attitude de *karma yoga*. Au bout du compte, l'ashram est la première organisation à avoir achevé son programme de construction de maisons conformes aux normes gouvernementales. Amma a commenté la rapidité des travaux en ces termes : « Les *brahmacharis* ont travaillé jour et nuit.

Amma appelait souvent le responsable à n'importe quelle heure du jour ou de la nuit pour savoir où en étaient les travaux. Qu'il soit minuit ou quatre heures du matin, il était toujours en train de travailler. Cela ne se passe pas comme cela avec des ouvriers salariés. Ils font leurs huit heures par jour, s'arrêtent au moins trois fois pour manger et deux fois pour boire le thé. »

Imaginez un peu une terre peuplée d'adeptes du *karma yoga*. Imaginez un monde où les gens ne travailleraient pas seulement pour l'argent mais aussi par dévotion. Combien ce monde serait productif et efficace !

Enfin, voici le dernier avantage : même si nous écartons l'idée que le *karma yoga* est une étape fondamentale de la démarche qui permet, à long terme, de transcender toute souffrance, via la réalisation du Soi, sachons qu'il protège, aussi, de la souffrance à court terme. Pour nous aider à comprendre ce point, lisons un autre verset de la Bhagavad Gita, dans lequel Krishna explique pourquoi certaines personnes continuent de mal agir, même après avoir compris que cela était déraisonnable.

kāma eṣa krodha eṣa rajoguṇa samudbhavaḥ |
mahā-śano mahā-pāpmā viddhyenam-iha-vairiṇam | |

La cause en est le désir et la colère provenant d'un mental agité. Sache que le désir est insatiable, qu'il est la cause de tous les péchés et le pire ennemi du monde.

Bhagavad Gita 3. 37

Un désir, s'il est puissant, peut nous pousser à nous conduire égoïstement et, même, à agir au détriment de l'harmonie et du bonheur de nos frères humains. A cause de la loi du karma, ce genre de comportement nous revient, tôt ou tard, sous forme d'expériences négatives. En réalité, toutes les épreuves et les souffrances, que nous vivons actuellement, sont la conséquence d'actions égoïstes accomplies dans le passé ou dans une vie antérieure. Si nous nous sommes comportés ainsi, c'est parce que nous avions perdu le contrôle de nos désirs. Grâce au *karma yoga*, nous maîtrisons au moins nos désirs car nous agissons toujours conformément au *dharma*. En suivant cette voie, nous ne récolterons que du bon karma dans l'avenir.

Tous ces exemples montrent que, en adoptant l'attitude préconisée par le *karma yoga*, non seulement nous purifions le mental et le préparons ainsi à la réalisation du Soi, mais aussi, dès maintenant et plus que jamais, nous commençons à aimer la vie, à apprendre les leçons qu'elle nous enseigne et à lui rendre ses bienfaits.

Bien qu'on puisse appliquer le concept de *karma yoga* à chaque action (et c'est ce que doit faire un chercheur spirituel), il est important de le pratiquer dans le *seva*, le service désintéressé, souligne Amma. On peut, en gros, classer les actions en trois catégories : *nishkama*, action désintéressée, *sakama*, action orientée vers une satisfaction personnelle et *nishiddha*, action proscrite en raison de sa dangerosité pour soi-même, autrui ou la nature. Une fois qu'on sait qu'il est interdit de faire quelque chose, on doit évidemment s'en abstenir, sous peine d'avoir à en subir, tôt ou tard, les conséquences négatives. Mais un chercheur spirituel ne doit pas seulement respecter les interdits, il doit aussi progressivement diminuer le nombre de ses actions à but égoïste et les remplacer par des actions désintéressées.

Amma conseille aux débutants de commencer par une demi-heure quotidienne de *seva*, soit une activité bénévole, soit simplement un don : on donne une partie de son salaire pour aider autrui. Cela permet d'avancer dans la bonne direction. On peut ensuite augmenter le nombre d'activités bénévoles chaque fois que possible. Ces trente minutes par jour marquent le début d'une transformation progressive. Beaucoup de gens découvrent qu'ils adorent faire du *seva* et, au moment de la retraite, ils choisissent de continuer de se dépenser pour autrui plutôt que de profiter d'un repos bien gagné. Petit à petit, les désirs égoïstes se trouvent remplacés par le désir de purifier le mental et celui d'aider l'humanité. Ces désirs-là, contrairement aux désirs égoïstes, conduisent à la libération. Loin de contrarier l'évolution spirituelle, ils ont une grande valeur. Il faut donc les rechercher et les cultiver car ils permettent de dépasser tous les autres désirs.

Chapitre six

Élargissons notre point de vue

« Efforçons-nous de voir Dieu en chacun »

– Amma

L e *karma yoga*, lit-on dans les Écritures, inclut cinq formes de cultes à pratiquer tout au long de la vie. Ce sont les *pancha mahayagnas*. Que nous en soyons conscients ou non, Amma nous fait suivre ces préceptes traditionnels, destinés à nous permettre de transcender les limites du mental, au travers des différentes activités spirituelles et sociales qui sont menées à l'ashram et qui nous donnent l'occasion idéale de mettre en pratique l'attitude du yoga de l'action.

Le premier *yagna*, *Brahma Yagna* (parfois appelé *Rishi Yagna*), est l'expression de notre gratitude envers tous les anciens sages qui nous ont montré la voie pour se libérer de la souffrance. On accomplit ce *yagna* en étudiant les textes sacrés ou en propageant les enseignements du gourou ou des Écritures. Amma dit : « L'une des façons d'exprimer sa gratitude envers les mahatmas, c'est de mettre en pratique leur enseignement et de le transmettre. » Les maîtres, comme Amma, n'ont aucun désir qu'on les vénère ou qu'on leur manifeste de la reconnaissance. Ayant réalisé le Soi, ils n'ont besoin de rien. Le *Brahma Yagna* bénéficie plutôt à celui qui rend hommage, à la société et à l'ensemble de la création. Quand on étudie les Écritures, on apprend tout ce qu'il faut savoir sur la vie et sur les moyens de vivre en harmonie avec autrui et avec la nature. De plus, en partageant ce que l'on apprend avec d'autres, on comble en eux un besoin inné. Si chacun laissait sa sagesse spirituelle s'éteindre avec lui, il n'y aurait pas d'espoir pour les générations futures.

Il est clair que, en tant qu'enfants d'Amma, nous pratiquons tous régulièrement ce *yagna*. Nous écoutons les enseignements d'Amma, nous lisons ses livres et nous nous efforçons de mettre son enseignement en pratique. Pour donner des conférences publiques, il faut, certes, attendre qu'elle nous le demande mais nous pouvons témoigner, auprès de ceux qui le désirent, de l'aide qu'elle nous a apportée dans la vie. Tout cela fait partie de *Brahma Yagna*.

Deva Yagna consiste à adorer Dieu. On trouve dans cette catégorie la récitation des mantras, la méditation, les chants dévotionnels, etc. Pourtant, ce *yagna* consiste plus particulièrement à honorer Dieu dans ses manifestations naturelles. D'après les textes sacrés, les forces naturelles et les éléments sont empreints de conscience et sont gouvernés par des *devatas* (demi-dieux) précis. La création toute entière est considérée comme étant le corps physique de Dieu et est honorée, respectée, vénérée, en tant que telle. Comme Amma l'a affirmé dans le discours qu'elle a prononcé à Paris, en 2007, « La compassion, seule voie vers la paix » : « Autrefois il n'y avait pas besoin de prendre des mesures particulières pour protéger l'environnement car la protection de la nature faisait partie des cultes rendus à Dieu et à la vie. Plutôt que de penser à Dieu, les gens aimaient et servaient la nature et la société. Ils voyaient le créateur en chacune de ses créatures. Pour eux, la nature était la forme visible de Dieu, et ils l'aimaient, la vénéraient, la protégeaient en tant que telle. » Si nous considérons le vent, la pluie, le soleil, la terre, etc., comme autant de manifestations de Dieu, nous les respecterons et leur rendrons hommage tout naturellement. Quelqu'un qui voit vraiment le dieu *Varuna* (dieu de l'eau) dans une rivière n'y jettera jamais de déchet toxique.

Cela fait maintenant plusieurs années que, au cours de chaque *pouja* qui précède le *Devi Bhava*, Amma nous demande de prier pour la paix dans le monde car, dit-elle, Mère Nature est agitée et, seule, la brise de la grâce divine peut disperser les sombres nuages amoncelés sur nos têtes. Si la nature est perturbée, ajoute-t-elle, c'est parce que les humains ne vivent pas en harmonie avec le monde qui les entoure. Nous nous apercevons que toutes les catastrophes naturelles, qui arrivent en ce moment, dans le monde, résultent d'une exploitation de la nature par les humains. Amma explique que Mère Nature réagit en détruisant l'humanité et utilise, pour ce faire, des éléments naturels qui sont censés nous faire prospérer. Le vent, qui devrait nous rafraîchir, disséminer les graines et amener la pluie, se transforme en ouragans et en tornades. Le soleil, destiné à nous réchauffer, fait fondre la calotte glaciaire des pôles. L'eau, qui lave et désaltère, se retire de nos puits et nous écrase de ses vagues quand elle se fait raz-de-marée. La terre elle-même, support du monde, frémit lors des tremblements de terre.

Pitr Jagna consiste à penser et rendre hommage à nos ancêtres sans qui nous n'aurions pas eu la chance de naître. Cette prière peut également s'adresser à toutes les personnes âgées de notre famille et à nos aînés. N'est-il pas écrit dans les Écritures :

mātṛdevo bhava | pitṛdevo bhava |

« *Puisse ta mère être ton Dieu,*
puisse ton père être ton Dieu. »

Taittiriya Upanishad 1.11.2

A quoi bon vénérer des grands-parents décédés si l'on parle agressivement ou irrespectueusement à ses parents vivants ? « Quand nous exprimons notre gratitude à nos ancêtres, pour l'amour et les soins qu'ils nous ont donnés, nous montrons l'exemple à nos enfants, nous dit Amma. En nous voyant aimer et honorer nos parents, à leur tour, ils nous aimeront et nous honoreront. »

Amma dit toujours aux enfants de présenter leurs respects à leurs aînés avant de sortir de la maison. En Inde, cela consiste à se prosterner devant eux et à toucher leurs pieds, mais cela peut prendre d'autres formes dans des cultures différentes. En général, les enfants devraient prendre l'habitude de prendre congé de leurs parents avant d'aller à l'école ou ailleurs. Dans les écoles d'Amma, une fois par an, les enfants honorent leur mère lors d'un rituel collectif (*pada pouja* : lavage des pieds). Il ne faut pas sous-estimer l'influence d'un tel rituel sur le mental d'un enfant (et celui de ses parents). Cela peut l'aider à voir le divin en chaque aspect de la création. Le but ultime, c'est de vivre avec l'idée que la création toute entière est le corps de Dieu.

Commençons par honorer nos parents qui, au moins dans une certaine mesure, nous ont créés et nourris. Malheureusement, de nos jours, peu de gens suivent cet enseignement. Dès que des parents se font vieux, leurs enfants les envoient dans des maisons de retraite et se contentent de leur rendre visite une ou deux heures par mois. Nous sommes bien loin de l'affirmation védique qui proclame qu'il faut les considérer comme étant Dieu.

Le quatrième *yajna*, *Bhuta Yagna*, consiste à prendre soin des plantes et des animaux et à les considérer comme divins. A ce propos, il est important de prendre conscience de la totale dépendance des humains vis-à-vis de la flore et de la faune qui partagent la terre avec eux. Sans les plantes et les animaux, ils n'auraient rien à manger. Même l'oxygène, qui leur est nécessaire, vient de la transformation du gaz carbonique par les plantes. Amma parle souvent du péril écologique qui menace la planète, en ce moment. En particulier, explique-t-elle, les engrais chimiques sont en train de détruire les abeilles. Elle nous rappelle à tous que « les abeilles jouent un rôle essentiel dans la préservation de la nature et de la société. Grâce à la pollinisation des plantes, nous avons des fruits et du blé. L'humanité tire un profit similaire de toute créature vivante. Chaque être vivant sur terre dépend des autres pour sa survie. Un avion ayant un moteur endommagé ne peut évidemment pas voler. Mais il suffit qu'il ait une seule vis défectueuse, pour peu qu'elle ait une fonction cruciale, pour obtenir un résultat identique : il ne peut décoller. Il en va de même pour les êtres vivants : même le plus minuscule joue un rôle important. Toutes les créatures ont besoin de notre aide pour survivre. Elles sont sous notre responsabilité. »

Enfin, le cinquième *yagna* est *Manusya Yagna*. Il s'agit d'honorer et de respecter nos frères humains en tant qu'incarnations de Dieu. L'un des moyens traditionnels d'accomplir ce *yagna* consistait à offrir de la nourriture et des vêtements à toute personne qui frappait à la porte, en particulier aux pèlerins qui avaient besoin d'un gîte pour la nuit. L'hospitalité indienne est toujours aussi incomparablement chaleureuse et impressionne tous les visiteurs étrangers. Il est important de voir tout ce que nous devons à nos frères humains : depuis la nourriture qui se trouve dans notre assiette, en passant par l'électricité qui éclaire notre maison jusqu'aux chaussures que nous portons aux pieds.

Je dirais que, parmi les cinq *yagnas*, c'est sur ce dernier qu'Amma insiste particulièrement. Elle dit : « Amma souhaite que tous ses enfants consacrent leur vie à répandre l'amour et la paix dans le monde. Avoir de la dévotion et de l'amour pour Dieu consiste, en réalité, à éprouver de la compassion envers ceux qui souffrent. Mes enfants, donnez à manger à ceux qui ont faim, aidez les pauvres, consolez les malheureux, soyez charitables envers tous. » Lors de chacun de ses anniversaires, Amma dit qu'elle serait plus heureuse de voir ses fidèles se mettre au service des pauvres plutôt que lui laver les pieds. Et c'est ce qui est en train de s'accomplir avec l'orphelinat et les œuvres de l'ashram : les hôpitaux, les logements pour les sans-abri, les aides financières versées aux personnes démunies, les secours portés aux victimes des catastrophes, les foyers, les bourses d'études pour les enfants pauvres…Toutes ces actions sont autant de *manusya yagnas*. Il est essentiel d'accomplir ces *yajnas* en sachant qu'ils diffèrent du simple service à autrui. Il faut comprendre qu'ils sont une façon de vénérer Dieu. Comme l'a écrit Ramana Maharshi dans son traité Upadesha Saram :

jagat īśadhī yukta-sevanam |
aṣṭa-mūrti-bhṛd-deva-pūjanam ||

Avoir la même attitude quand on sert le monde et lorsqu'on sert le Seigneur, c'est cela la vraie dévotion envers Dieu, celui qui régit les huit aspects.

Upadesha Saram 5

Les huit aspects sont les cinq éléments (l'espace, le vent, l'eau, le feu et la terre), le soleil, la lune et les êtres vivants. Nous n'aidons donc pas nos frères humains parce que Dieu le veut mais parce que nous avons compris qu'ils sont Dieu. C'est le sens de l'affirmation suivante : « *nara seva narayana seva* » (Servir un homme, c'est servir Dieu). De la même manière, nous savons que les rivières, les animaux et les arbres sont également des manifestations de Dieu.[1] Ainsi que nos parents. C'est une attitude intérieure qui est importante, parce que non seulement elle purifie le mental, mais encore elle lui permet de dépasser sa conception limitée du monde et de Dieu.

Voici un exemple de *Bhuta Yajna*, la vénération de Dieu par

---

[1] Selon le commentaire d'Adi Shankacharya sur le Vishnou Sahasranama, le mot *narayana* exprime en lui-même cette vérité. *Nara* signifie Atma (Soi). Donc si l'on suit la grammaire sanscrite, *nara* signifie « l'effet de l'atman » c-à-d les cinq éléments qui composent l'univers. *Ayana* signifie demeure. *Narayana* signifie ainsi « celui dont la demeure est constituée des cinq éléments. »

la protection de la flore et de la faune. Dans certaines des écoles d'Amma, des enseignants font planter un jeune arbre à chaque enfant. L'enfant lui donne un nom et le vénère, tous les jours, lors du rituel d'arrosage. Certains témoignages d'enseignants sont magnifiques. A l'approche des vacances, de nombreux enfants prennent congé de leur plante : « Pendant les vacances, ce n'est pas moi qui t'arroserai, mais ne t'en fais pas, je reviendrai dans deux mois. Ne pleure pas. » Personne ne leur a demandé de parler aux arbustes. Ils le font spontanément. Le fait de leur avoir donné un nom, de les arroser quotidiennement, a créé une relation. Il y a même des élèves qui leur écrivent des lettres et les accrochent aux branches du petit arbre, en lui disant: « Tu n'auras qu'à lire ma lettre si tu te sens triste. » Ces enfants sauront, dorénavant et pour le restant de leur vie, que les arbres ne sont pas des objets inertes mais des êtres vivants et sensibles. Ces enfants ont commencé à avoir une conception plus large du monde dans lequel ils vivent. Ils finiront par comprendre que l'univers entier, à l'intérieur comme à l'extérieur, est une vibration divine.

Si nous pratiquons ces *yajnas* avec l'état d'esprit qui convient, cela nous permettra au bout du compte de voir notre Soi dans les autres et de voir les autres dans notre Soi. C'est cela notre but réel.

Chapitre sept

Développer les qualités divines

« Mes enfants, Dieu nous a donné la faculté de lui
ressembler. Nous portons en nous l'amour, la beauté
et autres vertus divines. Exprimons-les dans notre
vie puisque Dieu nous a donné ce pouvoir. »

— Amma

Toutes les religions insistent sur l'importance de certaines qualités comme la gentillesse, la franchise, l'honnêteté, etc. Tous les textes sacrés du monde énoncent cette règle en or : « Ne fais pas à autrui ce que tu ne voudrais pas que l'on te fasse. » L'hindouisme n'y fait pas exception. A titre d'exemple, voici ce que dit Brihaspati, le gourou des demi-dieux, à son élève Yudhisthira, dans le Mahabharata :

na tat parasya saṁdadhyāt pratikūlaṁ yadātmanaḥ |
eṣa saṁkṣepato dharmaḥ kāmādanya pravartate ||

On ne doit jamais faire à autrui ce que l'on considèrerait
blessant pour soi-même. C'est, en résumé, la loi du dharma.
Ne pas la respecter est une marque d'égoïsme.

Mahabharata 13. 114. 8

Le fait de devenir meilleur est un facteur d'harmonie sociale mais également d'harmonie personnelle. Il est dit, à maintes reprises, dans les Écritures, qu'un chercheur spirituel doit développer certaines qualités sous peine de devoir renoncer à la réalisation du Soi.

nāvirato duścaritānnāśānto nāsamāhitaḥ |
nāśantamānaso vā'pi prajñānen-ainam-āpnuyāt | |

Celui qui persiste à mal se conduire, qui ne contrôle pas ses
sens, qui ne peut se concentrer et qui n'est pas libéré de l'an-
xiété, ne peut accéder au Soi par la voie de la Connaissance.

Katha Upanishad 1. 2. 24.

Si la liste des qualités requises, qui sont énumérées dans les textes,
semble infinie c'est parce que les sages ont exploré à fond toutes les
subtilités de la personnalité humaine. L'ampleur du vocabulaire sanscrit témoigne de la précision et de la minutie des grands intellectuels
de l'Inde ancienne. C'est ainsi que l'on trouve plusieurs dizaines de
mots pour décrire toutes les nuances de chagrin. Ne parlons pas des
différentes sortes de vanité et d'amour que les grands érudits de cette
époque ont répertoriées. Ils ont même décrit six façons de sourire !
Dans le seul chapitre 13 de la Bhagavad Gita, Krishna énumère
plus de vingt qualités indispensables au chercheur spirituel sincère.

Dans ce chapitre, nous ne nous intéresserons qu'aux vertus
sur lesquelles Amma insiste particulièrement. Ce sont la patience,
l'innocence, l'humilité, la vigilance et la compassion. Toutes les
qualités sont universelles ; cependant, chaque texte sacré et chaque
maître spirituel mettent l'accent sur des vertus différentes, peut-
être en fonction des besoins d'une époque donnée ou des caractéristiques du mental de leurs fidèles et de leurs disciples. Quoi
qu'il en soit, Amma dit de commencer par se concentrer sur une
seule d'entre elles : « Choisissez une qualité et pratiquez-la avec
foi et optimisme. Les autres qualités suivront automatiquement. »

Voici une histoire qu'Amma raconte pour illustrer ce dernier
point. Une dame fait un concours et gagne le premier prix, un
magnifique lustre en cristal. Elle l'emporte chez elle et l'accroche
dans son salon. Elle est en train de l'admirer quand, tout à coup,
elle s'aperçoit que les murs ont besoin d'être repeints et qu'ils

ont l'air crasseux, comparés à l'éclat du chandelier tout neuf. Elle décide de passer une couche de peinture sur les murs. Quand elle a fini, elle examine la pièce et trouve que les rideaux sont bien sales. Elle les décroche et les lave. C'est alors le tapis qui attire son attention : elle découvre qu'il est, par endroits, complètement élimé. Elle le remplace et, finalement, son salon est entièrement refait à neuf. Un tout petit changement, l'installation d'un lustre neuf, a entraîné une complète transformation.

Nous pouvons aussi prendre l'exemple d'une remise en forme pour nous aider à comprendre ce que dit Amma. Imaginons la situation suivante : un homme se rend compte qu'il n'est pas en bonne condition physique et il décide de faire de l'exercice. Il se met à faire des pompes tous les matins. Un ou deux mois plus tard, il se sent un autre homme et, en se regardant dans la glace, il se trouve les épaules et la poitrine bien musclées. Mais, en comparaison, ses biceps lui semblent maigres. Il se procure alors des poids et ajoute des exercices de musculation des bras à son programme quotidien. Ensuite, il veut perdre son ventre et décide de faire des abdominaux. Enfin, pour muscler ses jambes, il inclut des séries d'accroupissements.... Un an plus tard, il est méconnaissable. On dirait le sosie d'Arnold Schwarzenegger !

C'est une prise de conscience qui a entraîné ce processus. Le fait de pratiquer une qualité donnée met nos défauts en relief. Nous les connaissions déjà mais nous n'y attachions guère d'importance car ils se rappelaient rarement à nous. Ils étaient évidents pour les *autres*, les membres de notre famille, nos amis, nos collègues, mais nous les occultions par manque de conscience.

Dans les Écritures, on appelle les vertus « *daivi sampat* », qualités divines[1], et les défauts, « *asuri sampat* », défauts démoniaques. Intrinsèquement, nous ne sommes ni bons ni méchants.

---

[1] On les appelle divines parce que le fait de les cultiver permet d'avancer dans la compréhension de sa nature divine.

Nous sommes le substrat de conscience sur lequel se manifestent les couples d'opposés. Mais le mental appartient à la matière et il prend la forme de tel ou tel défaut ou de telle ou telle qualité. S'il ne fait pas jour, c'est qu'il fait nuit. Quand une vertu fait défaut, on trouve, en général, le défaut opposé. Si quelqu'un manque de compassion, comment pourrait-il ne pas être indifférent ? Quelqu'un qui manque d'humilité ne peut être que vaniteux, quelqu'un qui manque de patience sera forcément impatient. Nous sommes maîtres de la qualité de notre mental. Nous pouvons choisir de le laisser se dégrader et devenir un repaire de démons ou de l'améliorer jusqu'à ce qu'il reflète la gloire divine.

Ce concept apparaît dans une légende de l'Inde ancienne. Un sage nommé Kasyapa a deux femmes : Aditi et Diti. Aditi donne naissance aux *adityas,* des demi-dieux et Diti aux *daityas,* des démons. Cette allégorie signifie qu'un individu est capable du meilleur comme du pire en fonction de son mental.

Si une qualité ou un défaut n'ont pas l'occasion de se manifester, cela ne veut pas dire qu'ils n'existent pas dans l'esprit d'un individu donné. L'un ou l'autre existe dans le subconscient et n'attend que le moment de s'exprimer. Un roi qui a des serviteurs diligents n'a guère l'occasion de se montrer patient ou impatient. Mais faites-le attendre son dîner et vous verrez ! Un moine qui vit dans une grotte ne risque pas davantage d'exprimer sa compassion ou son indifférence. Pourtant l'une des deux existe en lui. Un mahatma n'exprime spontanément que des qualités divines car il est au-delà du plaisir et du déplaisir et il considère tout ce qui existe comme un prolongement de son propre soi. De plus, pour donner l'exemple, il agit conformément au *dharma.* Le comportement d'une personne ordinaire dépend de la force de son attachement à ses attirances et à ses aversions, d'une part, et de la puissance de son attachement au *dharma,* d'autre part. Comme si, sur l'un des plateaux d'une balance, se trouvait son attachement au couple attraction-répulsion et, sur l'autre, son attachement au *dharma*. Si le premier l'emporte, elle se fait démon, sinon, elle se fait dieu.

Si l'on décide de tout quitter pour se mettre à méditer, avant d'avoir surmonté sa dépendance à l'attraction et à la répulsion, on peut croire, à tort, qu'on les a transcendées. C'est, en réalité, l'absence de stimulation extérieure qui est responsable de leur non manifestation. Pour décider de transformer ses défauts en qualité, il faut commencer par en prendre conscience.

On m'a signalé un film d'animation pour enfants qui est une bonne illustration de cela. « *A la recherche de Nemo* » raconte l'histoire d'un groupe de requins qui ont décidé d'arrêter de manger de la viande. Ils ont même adhéré aux « Mangeurs de poissons anonymes ». Ils se rencontrent régulièrement pour se rappeler mutuellement que « *les poissons sont des amis pas des aliments.* » Le responsable du groupe est un énorme requin blanc. Il proclame fièrement qu'il n'a pas mangé un seul poisson depuis trois semaines. La session de groupe se déroule tranquillement jusqu'au moment où un poisson, qui nage à proximité, se blesse. Une goutte de son sang vient chatouiller les narines du leader. Évidemment, à la seconde même où celui-ci sent l'odeur de sang, sa *vasana* (tendance) de mangeur du poisson se réveille et il ne peut se retenir. Il devient comme fou et se met à poursuivre le poisson, prêt à traverser l'océan pour le dévorer. En citant cet exemple, je ne veux pas dire qu'il faut systématiquement s'exposer à la tentation, mais plutôt qu'il n'est pas toujours possible de rester à distance des choses qui nous attirent. Au début de la vie spirituelle, il est important de pratiquer *dama* (le contrôle des sens) et d'éviter tout contact avec des objets tentants. Mais ensuite, il faut s'aguerrir et être capable de renoncer à l'évitement. « Pour protéger un jeune arbuste, on l'entoure d'une palissade. Mais, quand il est devenu grand, ce n'est plus nécessaire, dit Amma. » On peut dire qu'on a complètement éradiqué une *vasana* seulement lorsqu'on peut se retrouver face à un objet, auparavant désiré, sans éprouver la moindre attirance.

Nous agissons en démons lorsque nous nous identifions au corps ou au mental qui sont limités. Nous nous conduisons comme des dieux quand nous nous identifions à la conscience illimitée. Plus nous nous identifions au corps et au mental, plus nos défauts s'expriment. Plus nous nous identifions au Soi, plus nos qualités divines se révèlent. Le Soi, en lui-même, est au-delà de ces concepts duels, bon/mauvais, mais, pour réaliser la Vérité, nous avons besoin de purifier le mental en développant nos qualités. Pratiquer la vertu n'est qu'un tremplin qui permet de sauter de l'égoïsme au désintéressement.

Voyons à présent les qualités divines sur lesquelles Amma insiste et comment nous pouvons les développer. Le fait qu'elle mette l'accent sur certaines ne signifie pas qu'elle considère les autres comme dénuées d'importance ni que nous devons les ignorer.

Patience

D'après Amma, la patience est une qualité nécessaire tout au long de la vie spirituelle : « la vie spirituelle exige énormément de patience. Si l'on en manque, on n'aboutit qu'à la déception. » A notre époque, tout le monde veut recueillir le fruit de ses actes sans attendre. Le mot-clé de la publicité actuelle est « instantané ». On parle de prêts instantanés, de communication instantanée, de résultats instantanés, de report de crédit instantané… Même d'éveil instantané ! Amma dit que ce besoin de rapidité devient maladif. Tout ce qui a de la valeur prend du temps. Regardons ce qu'est, aujourd'hui, devenue la culture des légumes. Grâce aux techniques agricoles modernes, ils poussent plus vite mais ils ont nettement moins de valeur nutritive.

Voici une blague. Un homme prie : « Mon Dieu, apprends-moi à être patient…tout de suite ! » Malheureusement, cela ne marche pas. La croissance spirituelle a beaucoup de points communs avec l'éclosion d'une fleur. Les deux processus exigent du temps et des précautions. On ne peut pas ouvrir la graine pour en retirer le germe. On ne peut pas ouvrir de force les pétales. Or, de nos jours, on exige que la progression spirituelle soit aussi rapide que possible. C'est une exigence absurde, insensée, comme le serait celle d'une mère, nous dit Amma, qui dirait à son enfant : « Je veux que tu marches tout de suite ! Pourquoi restes-tu encore enfant ? Dépêche-toi ! Je n'ai pas de temps à perdre. » Les gens s'attendent à des miracles. Ils n'ont pas la patience d'attendre ni de faire des efforts. Ils n'ont pas compris que le vrai miracle consiste à ouvrir leur cœur à la vérité suprême. Cette ouverture intérieure est, cependant, un processus toujours lent et régulier. »

Si nous manquons de patience, ce n'est pas la peine d'espérer progresser sur la voie spirituelle. Nous avons laissé le mental agir à son gré pendant des dizaines d'années. Comment pourrions-nous, tout à coup, réussir à le contrôler ? Nous avons vécu avec des aspirations matérialistes, comment pourrions-nous, sur le champ, sortir de cette vision étroite ? Nous nous efforçons de remplacer nos défauts par des qualités : la haine par l'amour, l'indifférence par la compassion. Mais la plupart d'entre nous avons des *vasanas* profondément enracinées et les extirper exige un engagement important et sincère. Avant d'arriver au point culminant de la spiritualité, il nous faudra complètement transformer notre vision de nous-mêmes, du monde, et même de Dieu. Et cela ne peut pas se faire du jour au lendemain

L'innocence

C'est peut-être la qualité à laquelle Amma attache le plus d'importance. Pour Amma, l'innocence ultime est le fruit même de la connaissance du Soi : une vision éternellement nouvelle et jubilatoire de tout ce qui est perçu. Sur un plan plus relatif, elle appelle innocence, la foi et l'ouverture qu'ont les enfants. C'est pour retrouver celles-ci qu'elle nous recommande d'adopter une attitude de débutants. Si l'on n'acquiert pas ces qualités, on ne peut pas grandir. Si l'on n'a pas foi dans un gourou ou dans les textes sacrés, on n'entreprend même pas une démarche spirituelle. Si l'on manque d'ouverture, on rejette tout ce qui ne correspond pas à sa conception des choses. Si l'on refuse de se considérer comme un débutant, on se décourage vite et on abandonne. Ces qualités permettent de voir la vie avec un regard d'enfant, tout au moins avec émerveillement et joie. Elles enrichissent notre vie et celle d'autrui.

« Si nous nous considérons comme des débutants, toute situation devient l'occasion d'apprendre quelque chose, dit Amma. Par définition, un débutant est ignorant et sait qu'il est ignorant. Il écoute donc très attentivement. Il est ouvert et réceptif. Quand il croit savoir, il n'écoute plus, il veut uniquement parler. Son mental est déjà plein. »

Être un débutant ne signifie pas ne faire aucun progrès ni constamment oublier tout ce qu'on apprend. Cela veut dire garder une attitude d'ouverture, d'attention et de réceptivité. C'est, dit Amma, la seule manière de s'imprégner vraiment de connaissance et de sagesse.

Du fait de son innocence, un enfant est toujours prêt à pardonner et à oublier. Il le fait spontanément, sans y penser. Nous agissons à l'opposé. Nous ruminons nos rancunes et les affronts subis pendant des années, voire la vie entière. Amma dit qu'il y a des gens qui prient Dieu de leur permettre de renaître pour qu'ils puissent se venger de ceux qui leur ont fait du tort. Tandis qu'un enfant, s'il s'est fâché avec son copain, recommence à jouer gaiement avec lui une minute plus tard. Nous devons nous entraîner à acquérir cet état d'esprit, dit Amma, et être capables de pardonner et d'oublier.

L'innocence s'accompagne d'ouverture, de réceptivité et de foi. Dites à un enfant qu'il est un roi et qu'il possède des pouvoirs magiques. Il va vous croire tout de suite. Dans le domaine spirituel, le gourou nous raconte toutes sortes de choses, sur notre nature réelle et sur la nature du monde, mais nous avons souvent du mal à les avaler. Nous aurions bien besoin, dans ces moments de doute, de redevenir un petit peu l'enfant que nous étions. L'événement suivant s'est passé il y a de nombreuses années. Une nuit, un résident de l'ashram, allongé sur son lit, est en train de penser à Amma. Tout à coup, il s'aperçoit qu'un moustique se dirige vers son front. Persuadé qu'il s'agit d'Amma venue lui apporter sa bénédiction, il se laisse piquer sans bouger, pour ne pas risquer de déranger le moustique qui lui suce le sang. Le moustique s'en va, lui laissant une marque sur le front à l'endroit précis du « troisième œil ». Le lendemain, informée du soi-disant *darshan* de ce résident, Amma le convoque pour examiner la trace de piqûre. En voyant celle-ci, elle éclate de rire et le serre dans ses bras affectueusement en disant simplement : « Il faudrait toujours conserver semblable innocence. »

Nous pouvons, nous aussi, rire de lui et nous dire : « Mon Dieu, quelle naïveté ! Prendre un moustique pour Amma ! Laisse tomber ! C'est trop ! » Pourtant, d'après les Écritures, les cinq éléments qui composent l'ensemble du monde physique sont d'essence divine. Un vrai adepte du Védanta devrait adhérer à cette réalité et accepter que, même, un moustique soit d'essence divine. (Ce qui ne veut pas dire qu'on doive éviter de le chasser.) Autrement dit, un peu d'innocence n'est pas si préjudiciable qu'il y paraît.

L'humilite

Éradiquer l'ego est une démarche à deux niveaux. Au niveau subtil, elle consiste à supprimer l'idée d'être un individu séparé du reste du monde. Au niveau grossier, à se débarrasser de tout sentiment de supériorité[2]. En fait, un ego fort sur le plan grossier signe l'existence d'un ego fort également sur le plan subtil. Supprimer l'ego subtil est le but de la vie spirituelle. On n'y arrive qu'après avoir réellement assimilé le fait que l'on est la conscience omniprésente et éternelle et non le corps, les émotions, l'intellect. Pour ce faire, on doit commencer par supprimer l'ego grossier, tout au moins dans une certaine mesure. C'est pour cette raison qu'Amma insiste tant sur l'humilité. Si l'on en est dépourvu, on ne peut s'incliner devant le gourou ni remettre en question ses convictions personnelles, en ce qui concerne la réalité. Un excès d'ego interdit d'attraper un balai et de faire du *seva* pour le gourou. Comme le dit Amma : « Un arbre immense est potentiellement présent dans la graine mais, pour germer et donner naissance à l'arbre, la graine doit être plantée en terre. Si la graine refuse ce sort peu glorieux, elle ne deviendra jamais un arbre et finira dévorée par un rat ou un écureuil. Nous devons, de la même manière, cultiver l'humilité pour réaliser la Vérité Suprême, notre véritable nature. »

Il arrive, malheureusement, que certains aspirants spirituels succombent à la vanité. Complètement identifiés à leur mental et à leur compréhension intellectuelle de la spiritualité, ils entretiennent un subtil sentiment de supériorité, qui, d'ailleurs, n'est pas toujours tellement subtil. Dans le Sadhana Pancakam, Adi Shankaracharya met précisément en garde les chercheurs spirituels contre ce piège : *aharahargarvah parityajyatam* « Puissiez-vous renoncer à l'arrogance du savoir. »

L'humilité est l'expression naturelle de la compréhension spirituelle. Quand on comprend réellement que le monde et les êtres qu'il contient sont divins, comment pourrait-on éprouver un sentiment de supériorité ? Quand on comprend que, sans les cinq éléments, on serait incapable de manger, de boire, et même de respirer, comment pourrait-on ne pas être humble ? Quand

---

[2] Il faut noter qu'un sentiment d'infériorité est un obstacle à l'évolution spirituelle aussi important qu'un sentiment de supériorité.

nous sommes tentés de nous sentir supérieurs, enrayons ce sentiment par la réflexion : « Tout ce que je sais, je l'ai appris de mon gourou. De quoi puis-je m'enorgueillir ? Je ne peux même pas revendiquer la responsabilité de mon mental et de sa capacité à se souvenir et à penser. »

Deux frères étaient disciples du même gourou. Un matin, le plus jeune dit au maître :

- Je sais que tu trouves que mon frère est un meilleur disciple que moi. Mais qu'a-t-il de si spécial ? Je suis capable de faire tout ce qu'il fait. Le gourou lui dit d'aller chercher son frère et quand ils reviennent ensemble, il leur dit :

- Chacun de vous va laver les pieds de dix personnes qui lui sont inférieures et nous verrons qui revient le premier. Les deux frères se prosternent devant le maître et partent immédiatement. Moins d'une heure plus tard, le plus jeune revient :

- Ça y est, je l'ai fait. Le gourou lui sourit simplement avec compassion. Le frère aîné ne revient qu'à la nuit. Il se prosterne aux pieds du maître sans rien dire.

- Alors ? demande le gourou.

- Je suis désolé, cher maître. Je jure sur ma tête que je n'ai pas réussi à trouver quelqu'un qui me soit inférieur. Le gourou se tourne vers le cadet et dit :

- C'est son humilité qui fait sa supériorité.

La vigilance

Amma dit qu'un chercheur spirituel doit faire preuve de vigilance dans tout ce qu'il fait. Ses actions deviennent ainsi une forme de méditation. Si nous voulons vraiment apprendre à nous concentrer, nous devons considérer chacune de nos actions dites « ordinaires » comme une occasion de purifier le mental. Dans l'une des Upanishads, il est même dit que suivre une voie spirituelle revient à « marcher sur le fil d'un rasoir ». La comparaison suggère qu'il faut, non seulement avoir un mental aiguisé comme une lame de rasoir, mais également s'en servir pour discerner sans cesse le réel de l'irréel. Amma dit que, si nous ne sommes pas vigilants dans l'action, nous ne pouvons espérer l'être en pensée.cela me fait penser à une anecdote amusante qui est arrivée à un *brahmachari* qui relisait des textes édités par l'ashram. Quand la revue est sortie de l'imprimerie, on s'est rendu compte qu'il y avait une épouvantable erreur dans l'une des citations d'Amma. La citation originelle, bien connue, dit ceci : « Ce n'est pas le savoir livresque qui nous manque mais la connaissance. » Or, il était écrit : « Ce n'est pas la connaissance qui nous manque mais le savoir livresque. » Une phrase complètement bâclée ! Sa relecture, ou plutôt sa non-relecture, illustre le contenu de la citation. Non pas qu'il ignorât l'enseignement d'Amma. Il avait sans aucun doute entendu Amma répéter cette phrase plusieurs fois. Mails il avait manqué de vigilance dans sa lecture et n'avait pas relevé l'erreur. Celle-ci ayant été repérée après l'impression, il a dû, pour la réparer, passer un bon moment à imprimer la citation correcte sur des petits bouts de papiers et les coller sur la phrase incorrecte. Il n'est sûrement pas prêt d'oublier cette leçon.

La compassion

Amma dit que la compassion c'est de l'amour exprimé en actes. L'amour véritable découle de l'expérience de l'unité. Quand une personne que nous aimons souffre, nous ressentons sa douleur et nous faisons tout notre possible pour l'atténuer. C'est d'ailleurs le sens étymologique du mot compassion qui vient du latin : *com* (avec) *pati* (souffrir). Notre amour est limité et réservé à un petit nombre de personnes. Amma en revanche, étant un mahatma, ne fait qu'un avec l'ensemble de la création. C'est pourquoi elle va spontanément vers les pauvres et les malheureux pour les aider. Ses actions sont à la mesure de son mental. Sa compassion est illimitée parce que sa conception du Soi est illimitée. Si nous souhaitons élargir notre perception du Soi, commençons, nous dit Amma, par ouvrir notre cœur et ressentir la souffrance d'autrui. Consacrons du temps à penser à eux et à leur chagrin. Et en plus, agissons concrètement, de façon désintéressée, pour tenter de les sortir de leur détresse. La vision d'un mahatma est ample et ses actions ont la même ampleur. Pour nous, ce sera peut-être le processus inverse : étendons le champ de nos actions et, petit à petit, notre esprit s'ouvrira.

Il va sans dire que la vie entière d'Amma est un enseignement de compassion. Les actions nées de la compassion engendrent de la compassion. Amrita Niketa, l'orphelinat d'Amma, situé à Paripalli, district de Kollam (Kerala), en est un magnifique exemple. Les 500 enfants qui y vivent mangent ensemble trois fois par jour. Au début de chaque repas, quand ils sont tous servis, ils récitent le 15ème chapitre de la Bhagavad Gita puis ils font deux boulettes de riz : ils offrent l'une d'elles à Amma, et l'autre, à tous les enfants du monde qui souffrent de la faim. Quand, les yeux fermés, ils prient pour ces enfants affamés, leur visage exprime la sincérité de leur sentiment. On voit qu'ils prient de tout leur cœur. On voit même, parfois, des larmes couler sur leurs joues. Écoutons les conseils d'Amma : prenons le temps de penser à la souffrance des autres. Cela ouvrira notre cœur et nos actions s'en ressentiront.

Méthodes pour développer les qualités

Nous pouvons facilement énumérer des dizaines de qualités que nous souhaiterions acquérir. Comment nous y prendre pour nourrir ces qualités et les faire s'épanouir ?

Le plus simple des moyens c'est le *satsang* : passer du temps en compagnie de personnes qui présentent ces qualités. Comme nous l'avons détaillé dans le chapitre deux, plus nous fréquentons de personnes vertueuses, plus nous nous conduisons vertueusement. Inversement, plus nous fréquentons de personnes non vertueuses, plus nous aurons tendance à agir comme elles. Il y a beaucoup d'Occidentaux, résidents d'Amritapuri, qui finissent par prendre un léger accent indien à force de fréquenter des Indiens. Si, d'une manière analogue, nous avons de bonnes fréquentations, nous en tirerons profit en nous imprégnant de leurs qualités. Si nous avons de mauvaises fréquentations, nous serons facilement entraînés vers le bas. Si nous avons rarement l'occasion de voir des gens vertueux, nous pouvons toujours lire des biographies spirituelles. C'est également un *satsang*.

Une autre méthode consiste à faire un vœu. Si nous avons du mal à être patients, décidons solennellement de ne plus perdre patience. Ensuite, faisons preuve d'une extrême vigilance dans les situations stressantes, agaçantes ou frustrantes.

Un des résidents de l'ashram avait un problème de colère. Non seulement il était coléreux, mais encore il agressait souvent les autres avec des paroles blessantes et venimeuses. Après l'un de ces épisodes, Amma lui a conseillé de tenir un journal et de comptabiliser, chaque soir avant d'aller se coucher, toutes ses colères et toutes ses gentillesses de la journée, comme un homme d'affaires examine quotidiennement ses gains et ses dépenses. Amma a ajouté qu'il deviendrait ainsi plus conscient de ses comportements. Cela fait maintenant plusieurs années qu'Amma lui a donné ce conseil et il s'est réellement transformé : il est devenu plus aimable et il parle bien plus gentiment. Nous pouvons tous adopter cette technique. Il suffit de choisir l'un de nos défauts et d'en rendre compte dans notre journal, chaque soir, en pensant que nous écrivons directement à Amma. Nous approfondirons ainsi notre relation avec Amma.

Quand nous faisons un vœu, il vaut mieux, avant de commencer, nous limiter à un seul défaut. Sinon, nous aurons l'impression d'être débordés. Donnons-nous un objectif précis. Quand nous serons plus sûrs de nous, nous pourrons l'élargir.

Si nous avons l'intention d'acquérir une qualité particulière, prenons d'abord le temps de nous demander quel en est l'intérêt, d'une part, et quels sont les inconvénients du défaut correspondant, d'autre part. Plus nous voyons clairement les avantages d'une valeur donnée, plus il est probable que nous arriverons à la mettre en pratique. De même, plus les inconvénients d'un défaut sont clairs, plus nous accepterons de nous en abstenir.

Je me souviens d'une dame qui avait demandé à Amma de l'aider à se débarrasser de sa dépendance au café. Amma lui a immédiatement demandé : « Pourquoi voulez-vous arrêter de boire du café ? » La dame n'avait pas de réponse nette à lui donner. Tant que nous ne savons pas pourquoi nous voulons changer, aucun changement ne se produira. Ce point est, semble-t-il, important pour Amma. Il y a beaucoup de bonnes raisons de renoncer au café : la consommation de café rend nerveux, irritable, insomniaque, nuit à la santé et, quand on y est accoutumé, on a la migraine quand on arrête d'en boire. Si nous voulons nous débarrasser d'une mauvaise habitude, clarifions notre motivation. Il faut que la pensée soit nette et précise pour que l'action le soit également.

Puisque nous sommes des chercheurs spirituels, demandons-nous si la qualité que nous souhaitons acquérir nous aidera à atteindre la réalisation du Soi. A l'inverse, réfléchissons sur le défaut opposé à cette qualité : dans quelle mesure fait-il obstacle à notre progrès ? Il faut réfléchir à l'importance des qualités. On peut se livrer à cette réflexion pendant la méditation ou à n'importe quel autre moment de la journée, y compris celui où le défaut, que nous désirons surmonter, commence à se manifester. Cependant, ne nous limitons pas à cette dernière situation car nous pourrions bien ne pas avoir la force de nous contenir. Comme en toutes choses, il est nécessaire de s'entraîner.

Chapitre huit

Aiguiser le mental

« Quelle que soit notre forme de méditation, que
nous fixions notre attention sur le cœur ou entre les
sourcils, notre but est toujours le même : parvenir
à nous concentrer sur une seule chose. »

– Amma

Pour la plupart des gens, le mot « spiritualité » évoque avant tout la méditation. C'est, malheureusement, l'aspect le plus mal compris de la vie spirituelle. Qu'est-ce, exactement, que la méditation ? Quel est son objectif ? Est-ce un moyen ou une fin en soi ? Comment fonctionne-t-elle ? C'est manifestement une démarche mystérieuse mais nous avons la chance d'avoir Amma pour maître. Elle guide chacun de nous individuellement en se fondant sur son expérience.

Il y a deux formes essentielles de méditation : méditation sur une forme de Dieu et méditation sur l'*atma*, la conscience qui est le centre même de notre être. On les appelle respectivement méditation *saguna* et méditation *nirguna*[1]. La méditation Ma-Om que fait pratiquer Amma, la technique de Méditation Intégrée Amrita (méditation IAM), le *mantra japa* (répétition d'un mantra) et la *manasa puja* (rituel effectué mentalement) sont différentes formes de méditation *saguna*. *Saguna* implique que l'objet, sur lequel on médite, a des qualités concrètes. Dans ce genre de méditation, le sujet qui médite est nettement distinct

---

[1] *Saguna* signifie « avec qualités » et *nirguna* « sans qualités ».

de l'objet sur lequel il médite. Par exemple, dans la méditation Ma-Om, la courte méditation qu'Amma nous fait pratiquer pendant ses programmes, nous nous concentrons sur l'inspiration et l'expiration, respectivement associées avec les syllabes Ma et Om. Dans la technique IAM, il nous est demandé de nous concentrer sur différentes parties du corps. Quand nous pratiquons *japa* ou récitons l'*archana*, nous fixons notre attention sur un ou plusieurs mantras. Quand nous effectuons une *manasa puja*, nous nous efforçons de nous représenter et de vénérer mentalement notre divinité d'élection.

Le but du *karma yoga* est d'affiner le mental en supprimant les désirs et les aversions. Celui de la méditation *saguna* est principalement d'améliorer notre faculté de concentration. « Quelle que soit la partie du corps sur laquelle on médite, c'est pour arriver à la concentration sur un seul point », dit Amma. C'est, en fait, l'objectif de la majorité des pratiques spirituelles. On trouve, dans la Bible[2], une histoire qui se rapporte à ce thème. Au cours d'un voyage en Galilée, Jésus est arrivé dans un village où il y avait, disait-on, un homme possédé par des démons. Il vivait au milieu des tombes, pestant, délirant et effrayant tout le monde alentour. Un jour, il est venu voir Jésus. Jésus lui a demandé son nom et l'homme a répondu : « Appelle-moi Légion car nous sommes nombreux. » Il voulait signifier par là, lit-on dans la Bible, qu'il n'était pas possédé par un seul démon mais par une multitude. Cela n'a pas empêché Jésus de le bénir et de le délivrer de sa légion de démons. Certaines personnes voient un symbole dans cet exorcisme : la légion de démons représente un mental non intégré qui contient une multitude de pensées et de pulsions contradictoires et qui est incapable de se concentrer ou de se détendre. L'homme appelé Légion est un exemple extrême mais, si nous examinons notre mental, nous découvrirons que nous sommes tous plus ou

---

[2] Marc, 5,1-20 et Luc, 8, 26-39.

moins « possédés ». La rencontre avec Jésus représente la relation avec un mahatma qui, par son enseignement, permet au disciple d'arriver au contrôle du mental, à la concentration et finalement à la paix.

Quel que soit le domaine dans lequel on veut réussir, matériel ou spirituel, il est essentiel de savoir se concentrer. Un analyste financier doit être capable de se concentrer sur les cours de la bourse, un joueur de baseball ou de cricket sur la balle, un programmeur en informatique sur le code. Un disciple, lui, doit pouvoir se concentrer tout au long de la journée sur l'enseignement que lui a donné son gourou. Toute chose exige de la concentration.

Les Écritures affirment, à de nombreuses reprises, que nous ne sommes pas le mental. Celui-ci n'est qu'un outil de relation avec le monde extérieur. A cet égard, il ressemble beaucoup à un ordinateur. Toute personne qui s'y connaît en informatique sait qu'un ordinateur doit être entretenu régulièrement. Il faut défragmenter le disque dur, se débarrasser des fichiers inutiles, mettre à jour les logiciels, rajouter peut-être de la mémoire, etc., sans oublier les mises à jour régulières de l'anti-virus. Cet entretien évite que l'ordinateur ne tombe en panne. De même, la pratique de la méditation garantit la santé et le bien-être de l'ordinateur mental.

On peut, également, comparer la méditation à l'exercice physique. Nous savons tous que, pour rester en bonne santé, il faut faire un minimum d'exercice. C'est vrai pour tout le monde. Mais, en tant qu'aspirants spirituels, nous cherchons davantage qu'un mental en bonne santé. Nous voulons nous forger un mental apte à réaliser la Vérité ultime et à jouir de la béatitude du Soi.

Dans un passage du Srimad Bhagavatam, texte vieux de plusieurs millénaires, le sage Suka prédit l'avenir et il insiste, en particulier, sur l'augmentation du matérialisme. La liste des prédictions est longue. Il est frappant de voir que beaucoup d'entre elles se sont déjà réalisées, surtout si l'on pense à la piété qui régnait à l'époque à laquelle ce texte a été écrit. Le sage dit entre autres :

snānam-eva prasādhanam |

Ils se contenteront d'une simple toilette pour se préparer.

Srimad Bhagavatam 12. 2. 5

Il veut dire que, aujourd'hui, rares sont les personnes qui se préoccupent de pureté intérieure. Tout monde se soucie de pureté extérieure, de la propreté du corps, mais personne ne cherche à purifier ou à nettoyer son mental.

Amma nous dit d'agir avec le mental comme avec une télécommande de télévision : nous devons le tenir bien en main. Cela signifie avoir le contrôle absolu du mental et pouvoir réagir de façon parfaitement appropriée, en toutes circonstances. Si nous voulons penser à quelque chose de particulier, nous devons être capables de nous concentrer, cinq minutes comme plusieurs heures d'affilée. Si nous voulons nous remémorer un souvenir, nous devons aussi en être capables. Et, ce qui est peut-être encore plus important, pour nous détendre, nous devons, à volonté, pouvoir déconnecter immédiatement le mental en appuyant sur le bouton ! Obtenir un mental aussi performant est l'objectif de la méditation *saguna*. Le chemin est clairement tracé : il part de la folie relative de « Légion » et aboutit à la maîtrise du mental.

En elle-même, la méditation *saguna* ne mène pas directement à la réalisation du Soi. Celle-ci est vraiment une *réalisation*, un changement définitif de la façon de voir les choses. C'est la certitude absolue de n'être ni le corps, ni les émotions, ni l'intellect mais d'être pure béatitude et conscience éternelle. Amma nous affirme tous les jours que c'est ce que nous sommes en réalité. Elle commence même toutes ses allocutions publiques par la phrase suivante : « Amma s'incline devant chacun de vous qui est, par essence, l'amour divin et le Soi. » Des milliers de fois, nous avons lu cette affirmation ou entendu déclarer que nous sommes le divin, pourtant nous sommes toujours aussi grincheux, irritables et colériques. S'il suffisait de le savoir, pourquoi continuerions-nous de souffrir ? Amma, elle-même, donne la réponse : « Mes enfants, ce n'est pas de savoir que vous manquez mais de conscience. » Qu'entend-elle par conscience ? La faculté de ne jamais, y compris dans les situations de stress, de surmenage, de risque fatal, oublier qui nous sommes en vérité. Comme il est dit dans la Bhagavad Gita :

naiva kiṁcit-karomīti yukto manyeta tattvavit |
paśyañ-śṛṇvan-spṛśaṇ-jighrannaśnan-gacchan-svapañśvasan | |
pralapan-visṛjan-ghṛṇannunmiṣan-nimiṣannapi |
indriyāṇīndriyārtheṣu vartanta iti dhārayan | |

« *Que le sage soit en train de voir, d'entendre, de toucher,
de sentir, de manger, de se déplacer, de dormir, de respirer,
de parler, de se vider ou de se retenir, d'ouvrir ou fermer
les yeux, il reste centré sur le Soi car il sait que les sens se
meuvent parmi les objets perçus mais que le Soi n'agit en
rien.* »

Bhagavad Gita 5. 8-9

Telle est la conscience qu'il est nécessaire, selon Amma, d'acquérir. La plupart d'entre nous comprenons très bien, intellectuellement, le Védanta mais, quand nous éprouvons de la douleur physique, nous oublions que « nous ne sommes pas le corps ». Nous comprenons, presque tous, parfaitement, que nous ne sommes pas les émotions mais, quand on nous fait du tort, nous l'oublions et nous nous mettons en colère. Nous pouvons même, presque tous, comprendre que le centre de notre être est au-delà de l'univers des pensées qui nous passent par la tête mais combien d'entre nous sont capables d'en rester conscients toute la journée ? Ce problème est essentiellement dû à un manque de conscience, à une incapacité à rester centré sur l'enseignement du Védanta dans la vie quotidienne.

Les divers exercices spirituels servent à améliorer notre capacité de concentration. Quand celle-ci atteint un niveau correct, nous arrivons à rester conscients de notre nature véritable tout au long de la journée. Dans son commentaire sur la Chandogya Upanishad, Adi Shankarachaya définit ainsi la méditation *saguna* : « C'est orienter le mental vers (c-à-d : penser à) un objet donné, comme il est décrit dans les Écritures, de manière continue, sans irruption d'aucune autre pensée». Shankaracharya dit que la réalisation du Soi est également la persistance d'une simple modification mentale : la conscience d'être, par nature, la félicité et la conscience éternelle. La seule chose qui différencie cette modification mentale d'une autre c'est le fait que, lorsqu'on est constamment habité par l'idée de sa nature réelle, on voit s'abolir toute séparation entre soi, le monde, l'entourage et Dieu. La disparition de ces séparations s'accompagne de celles des afflictions qui leur sont liées : la colère, la dépression, la solitude, la jalousie et la frustration.

Affiner le mental par la méditation *saguna* pour pouvoir se concentrer sur l'enseignement sacré est un concept qui est expliqué dans la Mundaka Upanishad (2.1.4-5) par le biais d'une métaphore utilisant l'arc, la flèche et la cible. Pour l'essentiel, cette Upanishad nous dit d'aiguiser la flèche du mental au moyen de la méditation *saguna* puis, de l'arc puissant que représente la sagesse des Upanishads, de l'envoyer droit au but : la conscience éternelle, omniprésente, source de béatitude.

On trouve aussi une définition du rôle de la méditation *saguna* dans la Bhagavad Gita :

tatraikāgraṁ manaḥ kṛtvā yata-cittendriya-kriyaḥ |
upaviśyāsane yuñjyād-yogam-ātma-viśuddhaye | |

*« Assis, concentrant le mental sur un seul point, maitrisant
la pensée et les organes des sens, qu'il se purifie par la pratique du yoga. »*

Bhagavad Gita 6.12

La méditation *saguna* est un moyen : c'est l'affutage de la flèche. Elle
sert, comme le *karma yoga*, à purifier l'outil mental. Ni l'un ni l'autre
ne mènent directement à la réalisation du Soi, cependant il faudrait
être fou pour nier leur importance. Ils sont tous les deux *essentiels*.
Il est impossible d'atteindre le but désiré sans les pratiquer. Notre
moment préféré dans une *puja* consiste peut-être à manger le *prasad*.
Mais celui-ci n'est réellement « prasad » (offrande consacrée) que si
nous avons effectué les étapes préalables : l'invocation, les offrandes,
les prières, l'*arati*, etc. Sinon, c'est simplement de la nourriture, ce
n'est pas du *prasad*. D'une manière analogue, nous ne récolterons
le fruit de la connaissance qu'après avoir accompli les préliminaires
nécessaires. Amma compare souvent ceux-ci au nettoyage d'un réci-
pient (le mental) dans lequel on veut verser du lait (la sagesse) : « Si
l'on met du lait dans une casserole sale, il va tourner. Il faut d'abord
laver la casserole. Ceux qui veulent s'élever spirituellement doivent
commencer par se purifier. Purifier le mental veut dire éliminer les
pensées négatives et inutiles, réduire l'égoïsme et les désirs. »

Certaines personnes ne sont pas intéressées par la méditation
saguna. Elles s'exercent à se concentrer sur leur véritable nature.
Pourtant, Shankara affirme que, au moins dans les débuts de la
vie spirituelle, il vaut mieux s'entraîner à la concentration par la
méditation *saguna*. Car il est très difficile de contempler quelque
chose d'aussi subtil que le « sans forme et sans nom ». Si le mental
n'a pas été correctement préparé, les tentatives n'aboutissent bien
souvent qu'au sommeil ou à la torpeur. En comparaison, il est
beaucoup plus facile de se concentrer sur un aspect de Dieu, une
forme ou un nom particulier, sur le souffle, sur des parties du
corps, etc. Nous pouvons donc utiliser la méditation *saguna* pour

perfectionner notre faculté de concentration. Quand cela sera fait, nous pratiquerons la méditation *nirguna* (méditation sur le sans forme). Comme nous le verrons dans le chapitre neuf, celle-ci est une méditation que l'on doit pratiquer continuellement, que l'on marche, que l'on mange, que l'on parle, que l'on soit assis, etc. Avec cette idée en tête, on ne peut que trouver pertinente la consigne donnée par Amma de ne pas se contenter de consacrer un moment spécial à la répétition de son mantra (yeux fermés, posture assise) mais de s'efforcer de le réciter à chacune de ses respirations. Cela prépare le mental à la méditation *nirguna* constante qui est l'ultime pratique spirituelle.

Shankara dit aussi que la méditation *saguna* rend le mental plus sensible et lui permet d'apercevoir de brèves lueurs de la réalité du Soi. Celles-ci sont autant d'encouragements à persévérer dans la pratique et stimulent l'intensité et l'enthousiasme du pratiquant.

Les Yoga Sutras de Patanjali

Peut-être le sage Patanjali est-il l'autorité la plus compétente en matière de méditation *saguna*. Il a rédigé les « Yoga Sutras », un recueil d'aphorismes qui expose brièvement les étapes successives du processus qui aboutit à la méditation. L'expression bien connue « ashtanga yoga » (yoga aux huit membres) vient de son traité. D'après lui, la méditation est une démarche constituée de huit étapes successives : *yama, niyama, asana, pranayama, pratyahara, dharana, dhyana* et enfin *samadhi*. On les traduit respectivement comme interdits, devoirs, postures, contrôle du souffle, retrait des sens, concentration mentale, concentration mentale continue et absorption.

Yama

Selon Patanjali, pour réussir à méditer correctement, il faut d'abord s'assurer que l'on respecte bien les cinq *yamas* et les cinq *niyamas*, des interdits et devoirs bien précis. Les interdits sont : *ahimsa, satya, asteya, brahmacharya* et *aparigraha*.

Ahimsa signifie non-violence. Pour arriver à méditer, il faut éviter la violence. La non-violence est l'une des règles les plus fondamentales de l'espèce humaine. A quelques rares exceptions près, il faut éviter de nuire à qui que ce soit. C'est, évidemment, important pour maintenir l'harmonie sociale mais, également, pour la croissance intérieure individuelle. En essence, nous sommes tous uns, telle est la vérité ultime que tous les sages s'accordent à proclamer. Si nous souhaitons réaliser cette vérité, commençons par traiter autrui comme nous-mêmes. Qui déciderait de se porter tort délibérément ? Si ce n'est pas une raison suffisante pour s'abstenir de violence, pensons à l'inéluctabilité de la loi karmique qui nous garantit que toute violence commise nous reviendra.

Si nous décidons de mener une vie non-violente, nous devons envisager trois formes de violence : violence physique, verbale ou mentale. Quand quelqu'un nous fait une queue de poisson et que nous cherchons à le faire sortir de la route, c'est une violence physique. La plupart d'entre nous sont, probablement, capables d'éviter ce genre de comportement. Mais combien taperont sur le volant à coups de poings ou même feront un geste insultant ? La violence verbale consiste à hurler des mots bien choisis par la fenêtre. La violence mentale est la plus subtile des trois et donc la plus difficile à surmonter. C'est une pensée de violence, physique ou verbale, contre quelqu'un. Nous nous autorisons souvent la violence mentale, sous prétexte qu'elle ne nuit à personne. Mais si nous ne maîtrisons pas ces pensées négatives, elles finiront par se concrétiser, verbalement ou physiquement. C'est l'une des idées qu'Amma a exprimées dans le discours qu'elle a tenu aux Nations Unies, à l'occasion du Sommet pour la Paix mondiale, en 2002 : « Il ne suffit pas de transporter les armes nucléaires dans un musée pour avoir la paix dans le monde. Il faut éliminer les armes nucléaires contenues dans notre mental. »

Le second interdit est *satyam* : ne pas mentir, dire la vérité, autrement dit. Nous devons toujours dire la vérité, certes, mais avant de parler nous devons, également, envisager les conséquences de nos paroles : la vérité va-t-elle aider ou blesser ? Disons la vérité si elle fait plus de bien que de mal. Sinon, tenons notre langue. « Ce n'est pas parce que quelqu'un a une tête de singe qu'il faut le lui dire, dit Amma. » Si personne n'a avantage à ce que nous nous exprimions, autant garder le silence. Il n'est pas nécessaire de contribuer à la pollution sonore de la planète. La vérité fait partie de la nature humaine. Mentir est un comportement contre nature, c'est introduire un corps étranger dans notre organisme.

Le troisième *yama*, *asteya*, est l'interdit du vol. Une belle maxime dit que le seul péché, c'est le vol. Quand on tue, on vole la vie de quelqu'un. Quand on ment, on vole le droit à la vérité de l'autre. Quand on lèse quelqu'un, on vole son droit à la justice. Il y a vol chaque fois que l'on s'approprie quelque chose de manière illégale. Voler est un tabou universel. Même un voleur sait qu'il a tort, sinon il resterait indifférent à l'idée d'être arnaqué par d'autres voleurs.

Le *yama* suivant est *brahmacharya*. Ce terme signifie habituellement célibat bien que celui-ci ne soit pas requis pour tout le monde. Nous définirons donc *brahmacharya* comme le fait d'éviter tout comportement sexuel inapproprié à un statut social donné. Cela varie selon les cultures. Si les *brahmacharis* (étudiants disciples) et les *sannyasins* (moines) doivent s'abstenir de sexualité, les personnes vivant en couple peuvent légitimement exprimer physiquement leur affection mutuelle. Elles sont, toutefois, censées rester fidèles à leur conjoint. En fait, dit Amma, il faudrait se marier pour surmonter le désir et non pour s'y enliser.

Enfin, le dernier interdit, *aparigraha*, consiste à ne pas accumuler. Posséder des choses c'est bien, mais à condition, là encore, de ne pas dépasser certaines limites. Amma dit généralement qu'il faut essayer de vivre le plus simplement possible, et, surtout, d'éviter tout luxe inutile. Elle demande souvent aux femmes de réduire leurs achats de vêtements et, aux hommes, d'arrêter de fumer et de boire. Elle conseille à tous de donner les économies, ainsi réalisées, à des œuvres caritatives.

Ces cinq interdits sont des valeurs de base que tout être humain devrait suivre et qui ne sont pas réservées aux seuls pratiquants de la méditation. Mais ils revêtent une importance particulière pour ceux dont l'objectif est de réussir à méditer. Si nous violons l'un des quatre premiers interdits, notre violence, nos mensonges, nos vols et nos infidélités laisseront, dans la profondeur du mental, une empreinte qui, quand nous essaierons de méditer, remontera à la surface et nous empêchera de nous concentrer. L'obstacle se présentera sous forme de culpabilité ou simplement de souvenir. Le dernier *yama*, *aparigraha*, perturbe le mental parce que, si nous thésaurisons des biens, c'est que nous ne maîtrisons pas nos désirs. Nous serons donc parasités dans nos tentatives de méditation soit par la peur de perdre ce que nous avons, soit par le désir de posséder davantage.

Niyama

Nous allons maintenant voir les cinq *niyamas*, les devoirs qui incombent à celui qui veut pratiquer la méditation. Le premier est *saucham*, la propreté. Les Écritures nous enjoignent de maintenir notre corps, nos vêtements et notre environnement, en bon état de propreté. La saleté n'est pas seulement malsaine, pour nous ou pour les autres, elle déstabilise aussi le mental. Quand l'endroit où nous travaillons est en désordre, nous sommes plus facilement distraits. A l'opposé, plus la pièce est rangée, meilleure est notre concentration. Il y a beaucoup de gens qui ne peuvent pas organiser leur esprit avant d'avoir organisé leur espace. Avant de nous asseoir pour méditer, vérifions la propreté du lieu.

Le second devoir est *santosham*, le contentement. C'est, nous dit Amma, une attitude mentale. On ne peut pas toujours adapter le monde extérieur à ses goûts mais on doit toujours maintenir son monde intérieur sous contrôle. Si l'on veut réussir à méditer, il est essentiel de s'engager à être content, quoi qu'il arrive. Cela ne veut pas dire qu'il ne faut rien faire pour connaître le succès ou pour changer les choses. Il faut s'efforcer d'exceller dans son métier et ses différentes activités tout en restant serein, en cas d'échec comme de succès. Faites tout ce que vous pouvez mais, quoi qu'il advienne, réussite ou non, soyez contents. Le contentement va de pair avec le fait de ne pas accumuler. En apprenant à nous contenter de peu, à renoncer au superflu, nous pourrons consacrer le reste de nos ressources au profit de la société. Il est important de s'entraîner au contentement car, comme on l'a vu au chapitre cinq, l'analyse de l'esprit humain montre qu'on n'obtient pas de réelle satisfaction par la possession. Peu importe ce que l'on gagne, on en veut toujours plus. Dès qu'on obtient une augmentation de salaire, on pense à la suivante. Un membre du Congrès rêve d'être sénateur, un sénateur d'être président et un président de diriger le monde. Quand on a compris cela, on cherche un contentement qui ne dépende ni de l'argent ni des biens que l'on possède. Sans un minium de contentement, on ne pourra jamais se concentrer pour méditer.

Le troisième est *tapas*, l'austérité. C'est le seul moyen qui permet de contrôler le mental et les organes des sens. Si l'on ne se met pas de limites, on est comme un enfant livré à lui-même dans une confiserie : on sème le désordre et on se rend malade. Un homme dépourvu de maîtrise de soi finit par nuire à la société et à lui-même. En Inde, nous avons un joli dicton qui dit : « Lâche la chèvre dans la cour, elle va mettre la pagaille. Attache-là à un piquet, elle va tout nettoyer autour d'elle. » C'est en s'imposant des limites que l'on acquiert une véritable force intérieure. C'est pour cette raison que les religieux et les religieuses observent des vœux. Amma recommande de jeûner et de s'abstenir de parler, un jour par semaine. Quand nous savons que nous pouvons nous passer d'une chose quelconque, celle-ci n'a plus aucune emprise sur nous. Nous voulons nous concentrer, à cent pour cent, sur une seule pensée, pendant que nous méditons. Nous n'y arriverons pas tant que nous n'aurons pas un relatif contrôle du mental et des organes des sens. Pour cela, nous devons nous entraîner à ne pas toujours les satisfaire.

Le quatrième devoir est *svadhyaya*. Ce mot signifie littéralement « étude de soi ». L'étude des textes sacrés et de l'enseignement donné par le gourou n'est pas une activité tournée vers l'extérieur. Les Écritures et le gourou sont un miroir dans lequel nous nous regardons pour découvrir qui nous sommes. Un chercheur sérieux, dit Amma, devrait consacrer chaque jour un certain temps à étudier les textes et les paroles de son maître. Telle est la première injonction de Adi Shankaracharya dans le Sadhana pancakam : « vedo nityam adhiyatam » « *Puissiez-vous étudier les Ecritures chaque jour !* » C'est grâce à cela que nous apprendrons quel est le but ultime de l'existence et quels sont les moyens d'y parvenir. De plus, nous ne pourrons jamais méditer ni comprendre quelle place tient la méditation dans la voie spirituelle, avant de l'avoir appris d'une source autorisée, que ce soit Amma ou les textes traditionnels.

La dernière observance est *ishvara pranidhanam* : l'abandon à Dieu. Cela signifie faire de tout acte une offrande au Seigneur. C'est l'attitude du *karma yoga :* nous offrons nos actions à Dieu et considérons leur résultat comme son *prasad*. Nous avons vu dans le chapitre cinq que la pratique du *karma yoga* permet de surmonter le désir et l'aversion. A moins de contrôler ces derniers, nous n'aurons pas le mental en paix et ne pourrons nous concentrer dans la méditation.

Asana

L'étape suivante du yoga de Patanjali est *asana. Asana* signifie posture ou siège. Avant de nous mettre à méditer, assurons-nous que nous sommes capables de rester assis dans une position correcte. Amma nous donne les mêmes instructions que celles que Krishna donna à Arjuna et que l'on trouve dans le chapitre 6 de la Bhagavad Gita. Elle conseille de s'asseoir avec le dos droit, de rester immobile, d'avoir la colonne vertébrale, la nuque et la tête alignés et le menton légèrement relevé. Les mains sont soit croisées, soit posées sur les cuisses, paumes vers le haut. Cette posture dégage les poumons et permet une respiration détendue pendant toute la méditation. La position des mains et la rectitude de la colonne vertébrale favorisent le mouvement ascendant du *prana* (le flot d'énergie), ce qui facilite la méditation. On peut adopter n'importe quelle position de jambes, pourvu qu'elle soit confortable et détendue : jambes croisées en tailleur, postures de demi-lotus ou de lotus (*padmasana*). Il ne faut pas se forcer à supporter une position dont on aura du mal à sortir. Il ne sert à rien de s'asseoir dans une posture qui nous obligera à méditer sur l'inconfort. S'asseoir sur une chaise est tout à fait bénéfique, à condition de ne pas s'appuyer sur le dossier, attitude qui facilite la somnolence. Krishna, d'après la Bhagavad Gita, précise que le coussin ou la natte, sur lesquels on s'assoit, ne doivent être ni trop durs, ni trop moelleux. Il n'est pas recommandé, non plus, de s'asseoir à même le sol. D'après les maîtres dans l'art de la méditation, l'organisme humain est comparable à un circuit électrique et son énergie risque d'être dispersée s'il est en contact direct avec le sol.

Asana fait aussi référence aux *asanas* du hatha yoga. C'est, d'ailleurs, ce que le mot « yoga » évoque presque toujours. La pratique du hatha yoga est un excellent moyen de rester en bonne santé sur les plans physique et énergétique. A condition, toutefois, d'avoir un enseignant qualifié car les *asanas* sont des étirements subtils et ils peuvent provoquer des effets négatifs, lorsqu'ils sont effectués à tort et à travers. Remarquons aussi que, dans le contexte de *l'ashtanga* yoga de Patanjali, l'*asana* n'est pas une fin en soi, mais plutôt une *préparation* à la méditation assise. La pratique des postures assouplit le corps, lui permettant de maintenir une position correcte pendant toute notre session de méditation. Elle oriente le flot du *prana* dans une direction appropriée et amène progressivement le mental à se tourner vers l'intérieur. C'est le but de tous les *asanas* qui font partie de la méditation IAM.

Pranayama

Le *pranayama*, l'étape suivante, est le contrôle du souffle. Il a, comme le hatha yoga, des effets extrêmement subtils et peut s'avérer dangereux s'il n'est pas correctement pratiqué sous la conduite d'un maître expérimenté. A notre époque, il existe beaucoup de personnes et d'institutions qui enseignent des techniques respiratoires subtiles à tous ceux qui sont d'accord pour payer les cours. Amma met souvent ses enfants en garde contre cette pratique qu'elle juge dangereuse. Tout le monde, ou presque, peut pratiquer des exercices simples de *pranayama*[3]. En revanche, selon la tradition, un *pranayama* plus approfondi doit correspondre aux aptitudes physiques et énergétiques de chaque adepte ainsi qu'à sa capacité de contrôle. Amma nous recommande particulièrement de ne pas faire de rétentions forcées après l'inspiration et l'expiration. « Autrefois, dit-elle, avant d'initier un élève au *pranayama*, le gourou lui faisait apporter, soit une fibre provenant d'une écorce de noix de coco, soit un brin d'herbe ou un fil. Le gourou plaçait l'objet en question sous le nez

---

[3] Consulter au préalable son médecin si l'on souffre des troubles suivants : asthme, hypertension artérielle, cardiopathie, ou en cas de grossesse.

du disciple et s'en servait pour observer les composantes de sa respiration, la puissance du souffle, sa durée, sa qualité, dans chacune
des narines. Et ensuite, il prescrivait le type de pranayama requis, il
en précisait la durée et le nombre de répétitions.» Dans les techniques de méditation qu'enseigne Amma, il n'y
a pas de *pranayama*, hormis des expirations brèves et forcées au
début de la méditation IAM. Amma conseille surtout de pratiquer
prana vikshana : respiration normale consciente. C'est, d'ailleurs,
le point central de la méditation Ma-Om. La respiration doit être
régulière et détendue. Amma nous demande d'associer mentalement le son Ma (*bijakshara* : syllabe racine) à l'inspiration et le
son Om à l'expiration. On appelle ce genre d'exercice *sagarbha
pranayama*, littéralement *pranayama* imprégné d'un mantra.
Ces méthodes de méditation sont venues intuitivement à l'esprit
d'Amma. Il est étonnant de constater qu'elles correspondent parfaitement aux techniques décrites dans les Ecritures. Cela confirme
qu'un *satguru* est vraiment « un texte sacré vivant ».

Dans le yoga de Patanjali, pas plus que les *asanas*, le *pranayama*
n'est considéré comme une fin en soi. Il est un moyen d'attirer
le mental, de plus en plus profondément, à l'intérieur. On pratique les *asanas* en se concentrant sur le corps. On pratique le
pranayama en se concentrant sur quelque chose de très subtil :
l'énergie vitale, elle-même, *à l'intérieur* du corps. On s'aperçoit
que Patanjali propose une technique d'intériorisation progressive
et que chacune des étapes amène davantage de subtilité et produit,
par conséquent, un impact plus important.

Pratyahara

Vient ensuite *pratyahara*, le retrait des sens. Il suffit d'un peu de
bon sens pour comprendre que l'on ne peut se concentrer sur l'intérieur du mental tant que l'on s'implique activement dans le monde
extérieur par l'intermédiaire des yeux, des oreilles, du nez, de la

langue et de la peau. Il est toujours possible de fermer les yeux et, vraisemblablement, de s'abstenir de manger, mais il est plus difficile de se protéger des distractions dues au toucher, à l'odorat, à l'ouïe. C'est pourquoi les textes conseillent de méditer dans une solitude relative ou le matin de bonne heure, alors que tout le monde dort encore. L'endroit où nous méditons doit être propre. Un endroit sale est souvent malodorant, voire habité de moustiques – l'ennemi juré de ceux qui méditent. Ces précautions permettent d'inverser la tendance naturelle des organes des sens à s'ouvrir vers l'extérieur et de se concentrer sur un objet de méditation déterminé.

Cependant, Amma dit qu'il faut apprendre à méditer n'importe où. A l'époque où je suis venu vivre à l'ashram, les villageois avaient l'habitude de faire macérer des tas d'écorces de noix de coco dans l'eau de la lagune. L'eau salée décompose la coque en fibres qui sont, ensuite, utilisées pour fabriquer de la corde. Laissez-moi vous dire qu'il y a peu de choses qui sentent aussi mauvais que des coquilles de noix de coco pourries ! De plus, le bruit des paysannes qui tapaient à coups de bâton sur les coques était une deuxième agression pour les sens. N'empêche qu'Amma nous faisait méditer tout à côté d'elles, pendant deux ou trois heures d'affilée. Il ne faut pas, selon Amma, remettre la méditation à plus tard sous prétexte d'un manque de tranquillité ou de confort. Quand c'est l'heure de méditer, amenons le mental vers l'intérieur, et concentrons-nous, où que nous soyons. C'est à cela qu'Amma voulait nous entraîner en nous faisant méditer près des noix de coco en décomposition.

Dharana

L'étape suivante, *dharana,* est la concentration mentale. Une fois que le mental est désencombré, on l'oriente vers un objet donné : cela peut être la représentation mentale d'une divinité ou du gourou, la respiration, un mantra, ou bien certains endroits du corps. Les Védas énumèrent des centaines d'objets de méditation possibles[4]. Tout objet convient ; néanmoins, d'après les textes, il faut le relier mentalement au divin. C'est pourquoi, Amma, dans la méditation Ma-Om, prend toujours le temps d'expliquer que le son Om symbolise la lumière divine (c'est-à-dire la conscience) et Ma, l'amour divin. Cela ne veut pas dire que nous allons ensuite penser à la conscience ou à l'amour divin. Nous nous concentrons sur la respiration en l'associant aux sons « ma » et « om ». Mais nous avons fait le *sankalpa* (décision) de ce qu'ils représentent.

Dhyana

Dharana consistait à ne penser qu'à une seule chose. *Dhyana* consiste à maintenir constamment cette unique pensée, comme l'exprime ainsi Shankacharya : « C'est un phénomène mental (pensée) associé à un objet, ainsi qu'il est dit dans les Écritures, qui se déroule en flot continu et qu'aucune autre pensée n'interrompt.» A l'étape de *dhyana*, le mental reste fixé sur une seule pensée, mais uniquement grâce à nos efforts. C'est un résultat acquis par la lutte.

Je suis sûr que vous avez tous expérimenté le genre de situation que je vais décrire. Nous sommes assis en posture de méditation, nous essayons de nous concentrer, sur Devi par exemple. Nous visualisons sa couronne, sa chevelure, son sari… Nous trouvons, mentalement, son sari magnifique… *Quel beau sari ! Quel beau bleu… bleu profond comme la mer.* Notre mental intervient alors sournoisement : *Cela me rappelle ma croisière au Venezuela, l'été dernier.* Nous nous mettons ensuite à penser à un restaurant où nous avons mangé, puis aux personnes intéressantes que nous y avons rencontrées… *Il y avait un homme qui avait une bien jolie montre… J'ai vraiment besoin d'une montre neuve… Je pourrai peut-être aller au centre commercial, demain… La dernière fois que j'y suis*

---

[4] Essentiellement dans la section *aryanaka*.

allé, je me suis disputé avec ma sœur Devika… Oups ! Nous nous rappelons tout à coup que nous étions censés méditer sur Devi. Voilà ce qu'est le mental : un flot de pensées. A l'état normal, ce flot est totalement incontrôlé. C'est une simple suite de pensées due à des associations d'idées et à nos *vasanas* (tendances latentes). La pratique nous permet d'apprendre à orienter le mental vers un seul objet. Elle met le train de nos pensées sur des rails pour les amener à la destination choisie. Plus nous sommes conscients, mieux nous arrivons à retenir le mental quand il s'échappe. Ce que l'on appelle *dhyana*, c'est la capacité de nous concentrer constamment sur l'objet de notre choix.

Samadhi

On appelle *samadhi* l'aboutissement de la méditation *saguna*. C'est une complète absorption, sans effort, dans une pensée déterminée. Rien n'entrave le flot du mental. Il devient alors semblable, c'est une image traditionnelle, à la flamme d'une lampe à huile posée à l'intérieur d'un verre : rien ne peut la faire vaciller. Dans les étapes précédentes, il y a toujours deux : celui qui médite et l'objet de méditation. Dans l'état de *samadhi*, la personne qui médite s'oublie complètement et l'objet, sur lequel elle médite, devient la seule réalité. C'est l'aboutissement de la méditation *saguna*. Il nous arrive aussi, dans la vie de tous les jours, d'être absorbés par quelque chose : un film ou une émission de télévision, par exemple, et de nous oublier entièrement. Deux heures passent alors sans que nous nous en rendions compte ! Il y a une différence évidente entre ce phénomène et la méditation. Dans la première activité, les tendances inférieures du mental et des organes des sens sont attirées vers l'extérieur, tandis que, dans la seconde, nous les entraînons vers l'intérieur. Ceci dit, il nous arrive à tous d'être perdus dans nos pensées, une idée ou une rêverie. Mais cela ne nous apportera jamais aucun des bénéfices de la méditation *saguna* car nous ne sommes pas concentrés délibérément.

Il est important de préciser qu'on ne doit pas confondre le *samadhi* en méditation avec la réalisation du Soi. La réalisation du Soi est une transformation de la conscience de soi : on comprend que tout, soi-même, le monde extérieur, Dieu, tout être, est, par nature, béatitude et conscience éternelle. On appelle cette expérience « non-duelle » parce que l'on voit, une bonne fois pour toutes, que tout ce qui existe, à l'extérieur et à l'intérieur de soi, est conscience. C'est une prise de conscience définitive qui nous habite en permanence, que nous soyons assis, les yeux fermés, en train de méditer ou bien en train de manger, de dormir, de marcher, de parler. Dans le *samadhi,* tel que l'envisage Patanjali, l'expérience de félicité provient de la concentration sur un seul point. Nous avons, comme dit Shankara, « un aperçu de la réalité du Soi. » Le mental devient si calme qu'il laisse percevoir la béatitude du Soi, alors que, d'ordinaire, il la voile. Mais, quand on ouvre les yeux et qu'on cesse de méditer, on revient dans le monde de la dualité, on n'a plus accès à la réalité et on continue d'être la même personne qu'avant, avec les mêmes négativités. C'est la raison pour laquelle on dit que la béatitude permanente ne vient que de la connaissance. L'origine de cette confusion entre *samadhi* et réalisation du Soi provient du fait que l'on appelle, parfois, la réalisation du Soi : *samadhi*, mais, dans ce cas, on lui adjoint le qualificatif de *sahaja*. *Sahaja samadhi* signifie *samadhi* naturel, né de la certitude que tout est un.

C'est, en fait, un magnifique et fascinant concept. Dans le *samadhi* atteint par la méditation, nous limitons le mental à une seule pensée et nous jouissons de la félicité qui en résulte. Dans le *sahaja samadhi*, nous comprenons que tout ce que nous voyons, tout ce que nous pensons, est, par essence, un et nous en éprouvons de la félicité. Nous passons du multiple à l'un grâce à la discipline dans le premier *samadhi* et grâce à la compréhension dans le deuxième. Le *samadhi* issu de la méditation est fugitif, il se termine à la fin de la méditation. Le *samadhi* issu de la compréhension est permanent. Une fois qu'il est atteint, il ne cesse jamais.

Comme le dit souvent Amma, la plupart des gens n'arrivent à réellement se concentrer qu'une minute ou deux sur une heure de méditation. Amma ajoute que la vraie méditation ne consiste pas à s'assoir, les yeux fermés. « C'est, dit-elle, un flot incessant de constante concentration », décrivant ainsi ce que Patanjali appelle *samadhi*. Mais ce n'est pas grave, notre pouvoir de concentration augmentera avec le temps et l'entraînement. « Supposons que nous mettions de l'eau à chauffer pour faire du thé, explique Amma. Si quelqu'un nous demande ce que nous sommes en train de faire, nous répondons que nous faisons du thé. En fait, l'eau commence à peine à frémir. Nous n'avons pas encore mis les feuilles de thé à infuser, ni ajouté le lait et le sucre. Nous disons, pourtant, que nous sommes en train de faire du thé. De même, nous disons que nous méditons, même si nous n'en sommes qu'au début. Nous n'avons pas encore atteint le stade de la vraie méditation. »

Autres pratiques spirituelles

La majorité des pratiques spirituelles ont pour but d'améliorer la concentration. La méditation diffère des autres du fait que c'est une activité purement mentale. La concentration sur l'objet de méditation doit passer uniquement par le mental. Tandis que les autres pratiques font appel aux organes des sens.

Prenons l'exemple du Lalita Sahasranama, les mille noms de la Mère Divine, qu'Amma nous conseille vivement de réciter tous les jours. Dans cet exercice, nous *pensons* aux mantras et nous les *disons* à voix haute. Nous impliquons à la fois le *karmendriya* (organe d'action) de la langue et le *jnanendriya* (organe de connaissance) de l'oreille. Nous pouvons lire les mantras et nous aider, ainsi, du regard. Certaines personnes miment le geste d'offrir des pétales de fleurs à la Mère Divine à chaque nom qu'elles récitent, sollicitant l'aide de la main. Plus nous associons d'organes des sens, plus il nous est aisé de nous concentrer sur l'objet de la méditation. Le chant de *bhajans* repose sur le même principe. C'est pourquoi ceux qui éprouvent des difficultés à se concentrer dans la méditation préfèrent réciter des mantras ou chanter des *bhajans*. En règle générale, plus on implique d'organes des sens, plus il est facile de se concentrer. A l'inverse, moins on utilise les organes des sens, plus la pratique est puissante.

Pour mieux comprendre ce dernier point, prenons l'exemple d'une personne qui fait de la culture physique. Plus elle utilise de muscles pour soulever un poids, plus l'exercice est facile. A l'opposé, moins elle en utilise, plus l'exercice est intense et efficace sur les muscles sélectionnés. Dans la pratique spirituelle, nous ne cherchons pas vraiment à améliorer notre audition ou notre vue. Nous voulons affermir le mental. Moins nous faisons participer les organes des sens, plus nous entraînons le mental. Cela explique les paroles de Ramana Maharshi :

uttama stavāducca mandataḥ |
cittajaṁ japa-dhyānam-uttamam | |

Il vaut mieux prier à voix haute que de chanter des louanges. C'est encore mieux de murmurer. Mais la véritable méditation consiste en répétition mentale.

Upadesha Saram 6

C'est également la recommandation qu'Amma donne lors de *mantra diksha* (initiation au mantra) : « Commencez par réciter votre mantra à voix haute. Toutefois, veillez à ce que les autres ne vous entendent pas. Une fois que vous êtes capables de vous concentrer sur le son, contentez-vous d'un simple mouvement de lèvres, imitez les poissons. Puis, quand vous serez bien entraînés, habituez-vous à le réciter seulement mentalement. » On peut entendre le mot « commencez » de deux manières. Il peut signifier la période qui suit l'initiation au mantra, ou bien le début de notre pratique quotidienne du *mantra japa*. Donc, tandis que nous avançons dans le macrocosme de notre vie, efforçons-nous d'augmenter la qualité et la subtilité de notre pratique spirituelle. Notre effort se reflétera dans le microcosme de la pratique quotidienne.

S'il est plus efficace de réciter mentalement un mantra, il est également plus efficace de répéter toujours le même mantra, plutôt qu'une suite de mantras différents. Cela tient au fait que, le mental étant un flot, il est toujours à la recherche de quelque chose de nouveau. Une fois qu'il a goûté quelque chose, il veut passer à autre chose. Plus nous mettons de limites au mental, moins nous l'autorisons à suivre sa nature extravertie. Au cours de toutes ces pratiques, nous freinons en quelque sorte le mental, nous le contraignons à aller dans la direction de *notre* choix. Auparavant, nous n'exercions aucun contrôle. « Ce n'était pas le chien qui remuait la queue, dit Amma, mais la queue qui faisait bouger le chien ! » Mettre un frein au mental dégage de la chaleur. Cette chaleur est le signe que le mental se purifie. Ce n'est pas une coïncidence si, en sanscrit, chaleur et austérité s'expriment par le même mot : *tapas*. Cela ne signifie pas que ceux qui aiment réciter des mantras à voix haute doivent arrêter. Regardons-nous honnêtement pour évaluer à quel niveau nous en sommes, puis avançons en essayant d'intensifier notre pratique avec le temps.

Ceci dit, il y a des avantages spécifiques à réciter les mille noms à voix haute, dit Amma. A condition de respecter un rythme et une vitesse corrects, cette litanie devient presque une forme de *pranayama* : la respiration se régule toute seule. Il s'ensuit une relaxation et une purification du corps et du mental.

Obstacles a la méditation

La méditation est l'une des pratiques spirituelles les plus subtiles. Pour certains, elle est source de béatitude et, pour d'autres, de grande frustration. La majorité se situe entre ces deux extrêmes. Dans son commentaire de la Mandukya Upanishad, Shri Gaudapadacharya, le gourou d'Adi Shankaracharya, a mentionné quatre obstacles particuliers à la méditation et les remèdes correspondants. Ce sont *laya, vikshepa, kashaya* et *rasasvada.*

Laya est le sommeil. Nous ne connaissons, généralement, que trop bien cet obstacle, surtout au début de la pratique de la méditation. C'est tout à fait normal. Toute notre vie, nous avons associé le fait de fermer les yeux et de nous relaxer avec l'idée du sommeil. Et, du jour au lendemain, nous décidons de fermer les yeux et de rester éveillés. Nous nous retrouvons donc souvent en train de ronfler. Cherchons quelle est la cause de l'endormissement pour le surmonter.

Le sommeil en cours de méditation est un symptôme typique, soit d'une insuffisance de sommeil nocturne, soit d'un excès de nourriture ou de fatigue physique, soit d'un problème de santé comme l'hypotension etc. Amma conseille aux personnes victimes de somnolence de se lever et de marcher un certain temps : « Quand vous avez envie de dormir, mettez-vous debout et récitez votre mantra en marchant. Tamas (la léthargie) cessera. Dans les débuts de la pratique de la méditation, toutes vos tendances *tamasiques* remonteront à la surface. Si vous êtes vigilants, elles disparaîtront à un moment donné. Quand vous vous sentez somnolent, utilisez un *japa mala* (rosaire) pour réciter votre mantra. » Si nous méditons sur une représentation mentale, Amma nous conseille d'ouvrir les yeux quand vient l'envie de dormir et de nous concentrer sur une image extérieure. Nous refermerons les yeux et reprendrons notre visualisation quand le risque sera passé.

Dans les débuts de l'ashram, Amma méditait avec nous. Elle avait, près d'elle, un sac de petits cailloux qu'elle lançait d'un tir parfaitement ajusté sur ceux qui s'endormaient. Nous pouvons encore la voir agir ainsi, pendant les programmes. Le *darshan* durant jusqu'à trois ou quatre heures du matin, il n'est pas rare que des gens, qui méditent autour d'elle, piquent du nez. Amma a une façon bien à elle de les réveiller : elle leur jette un bonbon de *prasad.*

Le deuxième obstacle à la méditation est *vikshepa* (agitation). Le mental n'est pas endormi, au contraire : il est trop agité. Le désir est la première cause d'agitation mentale. Comme nous l'avons vu précédemment, le désir est dû à une conception fausse du bonheur : nous croyons à tort que celui-ci provient des objets extérieurs alors qu'il provient du Soi. Pour supprimer cet obstacle, à la suggestion de Gaupada, nous pouvons réfléchir sur l'impermanence des objets qui nous viennent à l'esprit pendant que nous méditons et sur la souffrance qu'ils entraînent. Amma nous donne le même conseil : « Si des pensées indésirables surviennent pendant la méditation, parlons au mental : « Dis-moi, mental, quel est l'intérêt de ces pensées ? Ont-elles une valeur quelconque ? » Cela nous permettra de rejeter les pensées superflues. Il faut arriver au détachement total. Pour cela, il faut enraciner solidement, dans le mental, la conviction que les objets, perçus par les sens, sont un poison. »

Vient ensuite *kasaya.* Le mental n'est ni endormi ni distrait par des pensées. On n'arrive néanmoins pas à méditer profondément parce qu'il y a toujours des désirs dans le subconscient. La seule chose à faire dans ce cas-là c'est observer l'état du mental et, quand les désirs latents remontent à la surface de la conscience, les supprimer en usant de discernement.

Enfin, le dernier obstacle mentionné par Gaupada est *rasasvada* qui signifie littéralement « goûter la félicité ». Quand le mental est absorbé dans l'objet de méditation choisi, il éprouve un sentiment de paix et de béatitude. Il ne faut pas se laisser distraire par cette ivresse. Au contraire, il faut rester concentré sur l'objet de la méditation. Rappelons-nous toujours que le but de la méditation est d'aiguiser le mental. En réalité, la béatitude que nous ressentons dans ces occasions est un simple reflet, sur le miroir du mental, de la béatitude du Soi. Elle va et vient suivant l'état du mental. Notre but n'est pas la béatitude. Nous devons aller au-delà et prendre conscience que nous sommes *l'atma*, la source véritable de toute expérience de bonheur. Comme nous le verrons au chapitre neuf, cela n'est pas une expérience mais un changement complet de compréhension. La méditation *saguna* prépare le mental à cette transformation mais n'est pas capable d'opérer la transformation par elle-même. Celle-ci vient de la connaissance.

En fait, dit Amma, toute action accomplie avec une résolution et une attitude appropriées peut devenir une pratique spirituelle pour autant qu'elle s'accompagne de vigilance. Marcher, parler, manger, faire le ménage, sont autant d'activités par lesquelles on peut affiner le mental en étant concentré et conscient du but.

La vie d'Amma est une totale démonstration de ce principe. Tout ce qu'elle fait s'accompagne d'une attention et d'une concentration immenses. Cela n'apparaîtra peut-être pas au premier regard, tellement elle a l'air naturel, mais, en la regardant attentivement, on s'apercevra de la précision, de l'attention et de la concentration, qu'elle met dans ses coups d'œil anodins, ses sourires spontanés, ses mouvements enjoués, même ses larmes.

Je me souviens d'une histoire intéressante qui illustre bien ces propos. En 2003, un cinéaste nommé Jan Kounen est venu à l'ashram pour tourner un documentaire sur Amma. C'était l'année du cinquantième anniversaire d'Amma et il voulait filmer les immenses *darshans* qu'elle a donnés pendant ces jours de fête. Dans ce genre de situations, Amma peut embrasser 2000 personnes par heure. C'est un spectacle incroyable ! Les gens s'approchent d'Amma en deux files, l'une à sa gauche, l'autre à sa droite. On dirait un double tapis roulant d'amour. En réfléchissant au tournage de ces scènes de *darshan*, Jan Kounen nous a dit :

« Elle allait très vite ! Au début, l'œil ne peut pas la suivre, il voit une scène confuse, une foule désorganisée. Alors, j'ai décidé de la filmer au ralenti, et là, j'ai vraiment commencé à voir que non, ce n'était pas du tout cela, qu'il y avait une grâce et une beauté immenses dans cette scène. Chacun de ses gestes était complètement délibéré, c'était un vrai ballet. »

Et, comme pour prouver à quel point elle est consciente de tout ce qui se passe pendant les *darshans*, Amma s'arrête tout d'un coup, attrape le fidèle devant elle et le gronde d'un air amusé : « Coquin, tu es déjà passé tout à l'heure au *darshan* ! » Dieu seul sait comment elle fait pour se rappeler chacun de ces visages noyés dans une masse de gens.

Souvenons-nous que le mental d'Amma est plus que pur. Elle n'a aucun besoin de le purifier. Elle a déjà atteint l'ultime. Ses gestes sont une méditation car la méditation est son état naturel. Ils servent juste d'exemple et éveillent chez autrui l'envie de suivre ses traces pour s'accomplir.

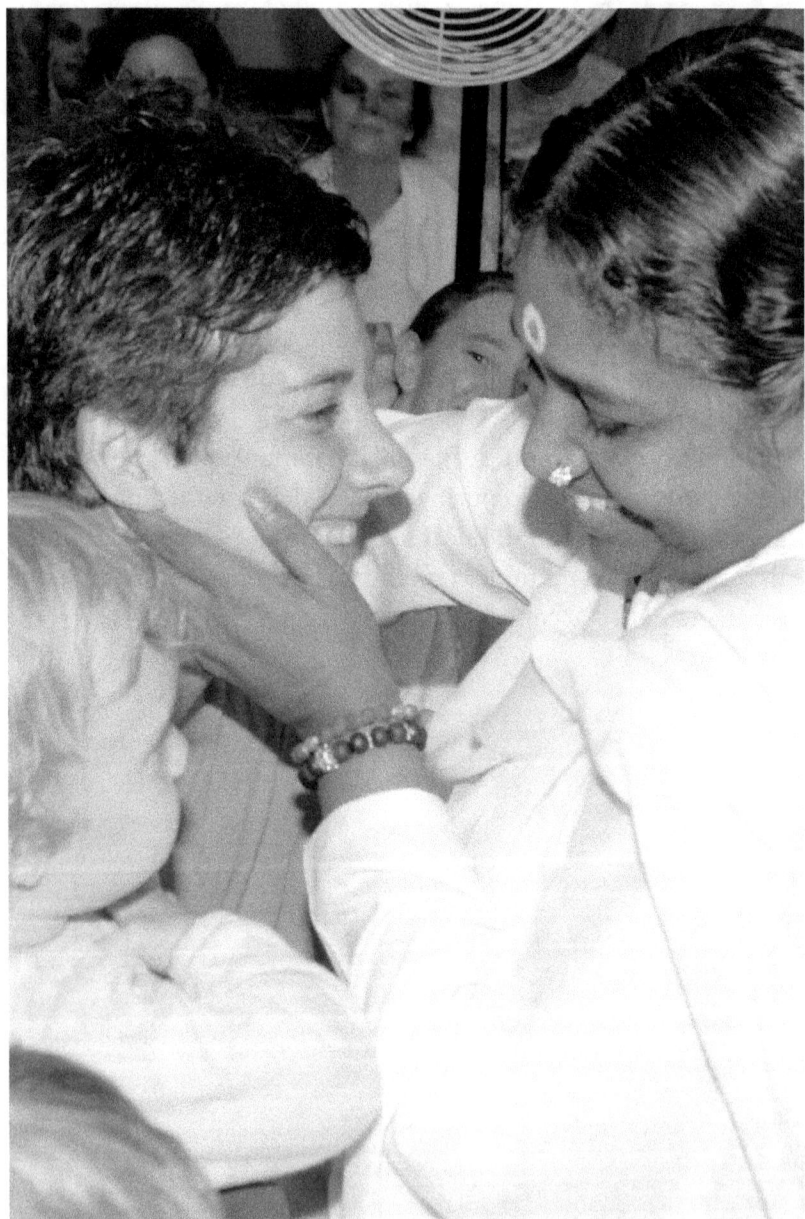

Chapitre neuf

Supprimer la cause de la souffrance

« On ne peut pas supprimer l'obscurité en tant que telle. Elle disparaît lorsqu'on allume la lumière. De la même manière, l'obscurité due à l'ignorance se dissipe avec l'avènement de la connaissance réelle et nous nous éveillons à la lumière éternelle. »

– Amma

L'étape finale de la voie qui mène à la libération est *jnana yoga* : la connaissance. Toutes les autres pratiques énumérées précédemment, le *karma yoga,* la méditation *saguna,* l'acquisition de qualités divines etc., ne sont qu'une préparation à *jnana yoga.* Nous avons vu que le *karma yoga* a pour but de réduire notre dépendance au désir et à l'aversion, qui distraient le mental en l'attirant sans cesse dans une nouvelle direction, et la méditation *saguna,* d'augmenter le pouvoir de concentration du mental. Pour résumer, si l'on compare le chemin spirituel à un voyage en fusée, disons que la méditation augmente l'énergie motrice de la fusée et que le *karma yoga* lui donne une forme aérodynamique. Il ne manque qu'une chose à cette métaphore : la destination. C'est *atma jnana,* la connaissance du Soi, le but du voyage. Pour l'atteindre, nous devons entreprendre une étrange démarche. Elle a ceci d'étrange qu'on n'atteint le but qu'après avoir compris qu'on y est déjà depuis le début ! Cette seule définition montre à quel point il s'agit d'une connaissance subtile et combien il est nécessaire de bien préparer le mental par les deux préliminaires que sont le *karma yoga* et la *méditation.*

La seule motivation qui pousse les gens à s'engager dans une voie spirituelle c'est qu'ils ne sont pas aussi heureux qu'ils le voudraient. Comme nous l'avons déjà expliqué, le désir d'être heureux, ou celui d'être encore plus heureux, ou bien la peur de perdre notre bonheur actuel, sont les moteurs de notre existence toute entière. Nous travaillons parce qu'il nous faut de l'argent pour satisfaire au moins nos besoins de base : nourriture, vêtements et logement. Nous allons au cinéma, nous écoutons de la musique, nous cherchons à avoir des relations sociales, car nous croyons cela enrichissant. Même notre adhésion aux règles morales ou aux normes sociales, même notre altruisme, ont un but : nous donner un sentiment de paix et d'accomplissement personnel. Mais notre bonheur est toujours teinté de malheur. La plupart des habitants de la planète vivent continuellement avec l'espoir qu'un beau jour leur vie s'arrangera et qu'ils seront ensuite heureux pour toujours : ils cherchent le pot rempli d'or au pied de l'arc-en-ciel. Ou bien, ils se contentent d'être mécontents. Après avoir admis que la vie est une alternance de hauts et de bas, ils considèrent que les souffrances sont la contrepartie des joies.

Presque tout le monde accepte de vivre quatre-vingt-dix pour cent de souffrance en échange de dix pour cent de joie. C'est étonnant car personne n'accepterait jamais un tel pourcentage d'inefficacité dans aucun domaine. Garderiez-vous une voiture qui ne marcherait qu'un jour sur dix ? Mais les gens n'ont pas vraiment le choix car ils ne voient pas d'alternative. C'est cela leur drame.

Les maîtres spirituels comme Amma ont justement pour mission de nous faire savoir qu'il existe une autre possibilité : la connaissance du Soi, la réalisation de notre nature propre. Ils nous apprennent que, seule, la découverte de notre nature réelle peut nous procurer le bonheur auquel nous aspirons. Car le bonheur éphémère, la joie et le plaisir que nous procure la satisfaction de nos désirs, jaillit, en fait, d'une source intérieure. Quand nous réussirons à nous identifier à cette source, nous ne connaîtrons plus une seule seconde de chagrin.

Je peux vous décrire tout de suite, sans risque de me tromper, l'un des moments les plus heureux de votre vie. Vers dix heures du soir, vous vous êtes retiré pour la nuit. Vous avez mis le réveil à sonner à cinq heures car vous travaillez le lendemain matin. Puis vous vous êtes endormi rapidement d'un sommeil profond. Tout à coup, vous vous réveillez sans raison. Il fait nuit noire. Vous n'y voyez rien et vous ne savez pas trop quelle heure il est. Il se peut que vous n'ayez dormi qu'une heure ou deux mais il se peut aussi qu'il soit cinq heures moins une ! Vous faites une petite prière, vous tendez la main vers la table de nuit et cherchez le réveil à tâtons. Vous le trouvez, vous le saisissez et vous l'amenez devant vos yeux. Vous faites une autre prière et appuyez sur le bouton qui éclaire le cadran. Alors, que voyez-vous ? Onze heures trente ! Super ! Il vous reste encore cinq heures et demie de sommeil ! C'est sûrement l'un des moments les plus heureux de l'existence.

Comment cela se fait-il ? Dans le sommeil profond, il n'y a ni friandises, ni stations balnéaires, ni mannequins, ni argent, ni réputation, ni gloire. Il n'y a même pas de rêves. Il n'y a que le néant. Pourtant, d'une certaine manière, quand nous nous réveillons, nous savons qu'il n'y a rien de plus merveilleux. D'après les sages et les saints, le fait de ne garder, pour tout souvenir du sommeil profond, qu'un sentiment de béatitude, prouve que tout bonheur provient uniquement de notre être intérieur. Il est simplement entravé par les désirs. Quelqu'un a demandé à Amma de décrire ce que vit une personne qui a réalisé le Soi. Elle a répondu que c'était « comparable au fait de ressentir le bonheur du sommeil profond tout en étant complètement réveillé. »

Après avoir réalisé le Soi, on demeure à tout jamais dans cette béatitude, indépendamment de ce qui se passe dans le monde extérieur. C'est, d'après les propres mots d'Amma, « une plénitude absolue : on ne désire rien d'autre et on trouve la vie parfaite. » Tel est le but que nous poursuivons en tant que chercheurs spirituels. Nous ne l'atteindrons que par la connaissance : la juste compréhension de qui nous sommes et de ce que nous ne sommes pas.

Connaître le connaisseur

Connaître *l'atman* est une entreprise délicate car ce n'est pas un objet. On considère pour cette raison que la connaissance du Soi est la plus subtile des connaissances. Dans toutes les autres matières, nous étudions des objets. En astronomie, par exemple, « je » (le sujet) cherche à connaître des objets planétaires. En géologie, « j' » étudie les roches. En chimie, « j' » étudie des corps chimiques, etc. Mais, en matière de connaissance de Soi, on étudie le sujet lui-même. Et le sujet ne peut jamais devenir un objet compréhensible par l'intellect. L'observateur ne peut jamais devenir l'objet d'observation. L'œil ne peut se regarder ni la langue se goûter. C'est impossible.

On m'a raconté une histoire qui permet de bien saisir cette difficulté. Lors d'une coupure de courant soudaine, un homme saisit une lampe de poche. Il l'allume et un rayon de lumière illumine la pièce. Il est impressionné par la puissance de la clarté. « Cette lumière est vraiment forte ! La lampe doit avoir des piles spéciales, se dit-il. » Il veut absolument en connaitre la marque. Il décide donc d'extraire les piles pour les examiner à la lumière de la lampe de poche. Dès qu'il se retrouve dans le noir, il réalise sa bêtise.

La démarche qui consiste à connaître le Soi ne ressemble à aucune des études que nous avons faites auparavant. *L'atma* ne s'écoute pas comme une musique, les oreilles ne peuvent l'entendre. Il n'a pas de forme, nos yeux sont impuissants à le décrire, nous ne pouvons pas non plus le toucher. Il n'a pas davantage d'odeur, de goût. Ce n'est pas un objet du tout. C'est le sujet. Après tout, *atma* signifie littéralement « le Soi ».

Dans tous les autres domaines, nous apprenons, puis nous expérimentons. C'est l'ordre dans lequel nous procédons généralement. Par exemple, nous apprenons dans un livre comment repérer la planète Jupiter au moyen d'un télescope. Puis nous attendons que la nuit tombe pour monter sur le toit et installer le télescope dans la bonne direction. Enfin, nous regardons Jupiter. C'est la même chose dans le domaine de la musique. Nous apprenons, dans le journal, l'existence d'une musique dont nous n'avons jamais entendu parler et qui éveille notre intérêt. Nous voulons donc naturellement en savoir davantage. Que faisons-nous ? Nous allons sur internet, achetons des fichiers mp3, les téléchargeons et les écoutons. Nous apprenons à connaître les objets en deux phases : d'abord l'information puis l'expérimentation.

Il n'en va pas de même avec la connaissance du Soi parce que c'est vous-même que vous voulez connaître. Imaginez-vous en train de lire dans le journal un article sur les êtres humains. Vous diriez-vous : « Wouaou, ces êtres humains ont l'air vraiment intéressants. J'aimerais bien en rencontrer un ! » Est-ce que vous sortiriez en courant pour aller en chercher un ? Non, évidemment, ce serait ridicule. Et bien, dans la connaissance du Soi, nous étudions quelque chose que nous sommes déjà en train d'expérimenter, que vous êtes déjà en train d'expérimenter ici et maintenant, à l'instant même où vous lisez cette ligne. C'est *vous* ! Comment pourriez-vous ne pas en faire l'expérience ? Donc ce n'est pas un problème d'expérience. Il s'agit de comprendre et de reconnaître.

Je vais vous donner un exemple. Vous connaissez presque tous, j'en suis sûr, les épisodes de « La guerre des étoiles ». Ils sont célèbres dans le monde entier, y compris en Inde. Je dois avouer, pour être honnête, que je ne les ai pas vus. J'ai entendu parler de l'épisode suivant par un dévot qui les adore. Dans « Le retour de l'Empire », le personnage principal Luke Skywalker est en quête de son gourou, Yoda. Son désir d'étudier avec lui le pousse à se rendre sur une planète éloignée. Le problème c'est qu'il n'a encore jamais rencontré Yoda. Il ne sait même pas à quoi il ressemble. Il atterrit sur une planète étrange. Là, il rencontre une drôle de petite créature verte, aux grandes oreilles, qui le harcèle. Luke est impatient de partir à la recherche de son gourou et de devenir son disciple. Mais la créature verte le poursuit, l'agace et le retarde. Il finit par en avoir tellement assez qu'il se met à crier, à tout envoyer valser et à maudire le gêneur. A ce moment-là, la petite créature dévoile son identité : elle n'est autre que celui qu'il recherche, Yoda. On peut dire que ce n'est pas « l'expérience de Yoda » qui a manqué à Luke mais la « connaissance de Yoda ». Nous sommes dans la même situation vis-à-vis de l'*atma*. Nous faisons en ce moment-même l'expérience de l'*atma*. Nous avons toujours été l'*atma* et le serons toujours. Nous avons juste besoin que quelqu'un fasse les présentations. C'est le rôle du gourou. Le gourou nous tend le miroir de l'enseignement, contenu dans les Écritures, pour que nous voyions notre visage. Il nous présente notre propre Soi.

Bien que nous fassions actuellement l'expérience du Soi, nous faisons simultanément quantité d'autres expériences, à l'intérieur et à l'extérieur de nous. Tout le problème est là. Pour couronner le tout, nous ne cessons de confondre les événements qui se passent dans notre monde intérieur, les émotions, les souvenirs, les pensées et l'ego, avec le Soi. La différence est si subtile que notre seul espoir d'y voir clair réside dans le gourou et les textes spécialisés sur la connaissance du Soi. Amma donne souvent l'exemple d'un tas de sucre mélangé à du sable. Séparer le sucre du sable à la main est une entreprise extrêmement difficile et longue, voire impossible. Pour une fourmi, cependant, ce tri est très facile. L'homme représente une personne à l'intellect obtus, la fourmi représente une personne à l'intellect aiguisé par les pratiques spirituelles, l'étude des Écritures et l'aide d'un maître. Amma appelle *viveka buddhi* cet intellect doué de discernement. Les Écritures nous proposent diverses méthodes pour distinguer ce que l'on pourrait appeler le sucre du sable. Ces méthodes sont très logiques et intellectuellement satisfaisantes. Citons *pancha-kosha viveka* : différencier les cinq niveaux de la personnalité humaine, *sharira-traya viveka* : différencier les trois corps, *avastha--traya viveka* : différencier les trois états du mental et *drg-drshya viveka* : différencier celui qui perçoit de l'objet perçu. Toutes sont des méthodes d'analyse du Soi. On utilise un terme générique qui les englobe toutes : *atma-anatma viveka* : différencier *atma* de *anatma*, différencier le Soi Réel de ce qui n'est pas le Soi.

Grâce à ces méthodes, nous arrivons à saisir que nous ne sommes pas ce que nous pensions être : le corps, les émotions, le mental et l'intellect. L'essence d'une chose est une caractéristique constante. Par exemple, la nature chimique de l'eau est H_2O, une molécule composée de deux parts d'hydrogène et d'une part d'oxygène. Si vous changez la formule, même à peine, H_3O ou HO_2, par exemple, ce n'est plus de l'eau. Le produit H_2O doit-il nécessairement être liquide ? Non, il peut se présenter sous forme de glace, c'est toujours de l'eau. Il peut aussi se présenter sous forme de vapeur. Il peut prendre n'importe quelle forme, celle d'un gobelet rond ou d'une flûte étroite. On peut même en faire un glaçon en forme d'éléphant pour décorer un buffet de brunch. Aucune de ces modifications n'altère la nature essentielle d'H_2O. C'est toujours de l'eau. Qu'on l'emporte au Japon, en Inde, en Espagne ou en Angleterre, c'est pareil. Qu'on l'appelle *pani, agua, mizu, water* ou d'un nom de son invention, tant que c'est de l'H_2O, cela reste de l'eau.

Observons le corps, le mental et l'intellect. Nous nous apercevons qu'ils sont en constant changement. Notre taille et notre poids évoluent en permanence. Nous pouvons revenir de la guerre avec un membre en moins. Notre QI est variable. Comme le sont nos goûts et dégoûts. Un aliment, que nous détestions dans l'enfance, est aujourd'hui un mets que nous apprécions. Nous aimons quelqu'un pendant un certain temps et le haïssons du jour au lendemain. Nos convictions à propos de la religion, de la politique, du vrai et du faux évoluent. Nous changeons de profession, de résidence… A notre époque, nous pouvons même changer de sexe. Cela signifie que le corps, les émotions et l'intellect ne représentent que des aspects superficiels de notre être. Ils n'en sont pas l'essence inaltérable, l'*atma*.

Demandez à une personne qui elle est. Elle vous répondra par une description uniquement physique, du genre : « Je suis un homme, j'ai 56 ans, je suis le fils d'Untel, je travaille à telle usine… » La seule chose qui ne change pas dans ces affirmations, c'est le « je ». Le « je » est permanent. Les Écritures nous disent que c'est en pénétrant profondément au cœur du « je » que nous trouverons notre vraie nature. « Ce principe sans nom, sans forme, omniprésent, ce « je » commun à tous, est ce qu'on appelle l'*atma*, *Brahman* ou Dieu, dit Amma. »

La nature de la conscience

L'atma porte quantité de noms divers : *brahman, purusha, paramatma, prajna, caitanyam, nirguna ishvara*, mais les sages disent tous : « *ekam sat viprah bahudha vadanti* » (Il n'y a qu'une vérité unique mais les sages lui donnent des noms différents[1]). Tous les mots que nous venons d'énumérer signifient « pure conscience ». La Conscience est notre nature véritable. Nous apprenons des Écritures qu'elle est indépendante du corps ou du mental, qu'elle n'est pas un produit du corps ni du mental, mais qu'elle est présente en eux, qu'elle les éclaire et leur donne vie. Dans le corps, elle est la

---

[1] Rig Veda, 1.164.46

conscience-témoin de la présence des pensées, des sentiments, des émotions ou de leur absence. Il est dit dans les textes :

yanmanasā na manute yenāhurmano matam |
tadeva brahma tvaṁ vidhi nedaṁ yadidam-upāsate | |

Ce qui ne peut être appréhendé par le mental mais qui est ce par quoi - dit-on - le mental est appréhendé, voilà ce qu'est Brahman. Il est uniquement cela et non ce que les gens d'ici vénèrent.

Kena Upanishad 1.6

En fait, la conscience ne s'arrête pas aux limites du corps. Si nous avons l'impression contraire, c'est qu'elle est trop subtile pour être perçue quand elle n'est pas réfléchie par le corps et le mental. On donne souvent l'exemple de la lumière pour faire comprendre ce point[2]. On ne voit la lumière que dans la mesure où elle est renvoyée par un objet quelconque : un mur, un visage, une main, etc. C'est pourquoi l'espace, étant dépourvu d'objets qui puissent refléter la lumière, apparaît noir, c'est- à-dire privé de lumière. Pourtant, la lumière est présente. Les rayons du soleil qui illuminent la terre doivent traverser l'espace avant d'arriver sur notre planète. Mais ils ne rencontrent aucun objet qui pourrait les réfléchir donc nous ne les percevons pas. Comme nous l'avons affirmé précédemment, la conscience ne peut jamais devenir un objet de perception. On ne peut la percevoir que grâce à un instrument, le corps ou le mental, qui la reflète.

On dit également de la conscience qu'elle est éternelle, qu'elle n'a ni commencement ni fin. C'est, en réalité, la seule chose qui soit éternelle. Et, comme elle indépendante du corps, elle conti-nue, bien sûr, d'exister après la mort du corps. Pourquoi donc un

---

[2] La lumière est symbole de conscience dans toute l'Inde. La lumière met en évidence ce qui sans elle resterait caché.

corps semble-t-il dépourvu de conscience après le décès ? Parce qu'il a cessé d'être un instrument capable de la refléter. Cela ne veut pas dire que la conscience est absente. Amma donne souvent l'exemple d'un ventilateur pour nous l'expliquer. « Quand une ampoule électrique est grillée ou que le ventilateur est arrêté, cela ne veut pas dire qu'il n'y a plus d'électricité. Quand nous cessons de nous éventer d'un éventail, le courant d'air cesse ; mais cela ne veut pas dire que l'air a disparu. Quand un ballon éclate, cela ne veut pas dire que l'air qui était à l'intérieur du ballon cesse d'exister. Il est toujours là. De la même manière, la conscience est partout. Dieu est partout. La mort survient, non pas à cause de l'absence du Soi, mais à cause de la destruction de l'instrument connu sous le nom de corps. Au moment du décès, le corps cesse de mettre en évidence la conscience du Soi. La mort indique simplement que l'instrument est cassé, elle ne signifie pas qu'il y ait une quelconque imperfection dans le Soi. »

Les Écritures disent que la conscience est omniprésente. Elle est donc toujours présente dans le corps après la mort. En vérité, nous ne sommes pas un corps humain doté de conscience. Nous sommes la conscience dotée d'un corps humain.

Pour nous faire comprendre ce dernier point, les textes comparent souvent l'espace infini et celui qui est à l'intérieur d'un pot. L'espace est partout dans le cosmos. Mais, prenons un pot en argile. Nous commencerons, soudain, à considérer que l'espace contenu dans le pot est séparé de l'espace extérieur. L'expression « espace à l'intérieur du pot » n'a pas de sens en réalité. C'est le pot qui est dans l'espace et non l'espace qui est dans le pot. Il suffit de jeter le pot par terre et de le casser pour en avoir la preuve. Qu'est devenu l'espace du pot ? Peut-on vraiment dire qu'il s'est mêlé à l'espace global ? Non, il n'y a toujours eu qu'un seul espace depuis le début. Il en va de même avec la conscience.

Elle est omniprésente. Actuellement, nous l'associons à nos petites personnes, mais cela ne correspond pas à la réalité ultime.

La science considère en général la conscience comme un produit de la matière. Elle croit qu'un être conscient existe grâce à l'oxygène, véhiculé par le sang, qui actionne la machinerie complexe et mystérieuse du cerveau. Cette croyance engendre la peur que, en cas de manque d'oxygénation et donc d'arrêt du cerveau, les lumières ne s'éteignent et que l'être conscient ne disparaisse. D'après les sages et les saints, c'est le contraire qui est vrai : La conscience n'est pas un produit de la matière, c'est la matière qui est produit de la conscience. Pour le dire autrement : la matière n'est pas le substrat de la conscience, *la conscience est le substrat de la matière*. Et depuis l'avènement de la physique quantique, certains scientifiques font des recherches dans ce sens. L'un d'eux, Amit Goswami, spécialiste de physique nucléaire théorique à l'université d'Oregon aux États-Unis, a publié le résultat de ses travaux. « Tous les paradoxes de la physique quantique peuvent s'expliquer si l'on accepte que la conscience est le fondement de l'être, dit-il. »

Cela nous amène au point suivant. Si la conscience est omniprésente, la conscience qui est à l'arrière-plan de mes pensées et de mes sentiments n'est-elle pas la même que celle qui est à l'arrière-plan des pensées et des sentiments de tous les êtres de l'univers ? Et s'il existe un Dieu qui serait le créateur, le mainteneur et le destructeur de l'univers, ma conscience et la sienne ne seraient-elles pas une seule et même conscience ? Finalement, non seulement la conscience imprègne tout l'univers, mais elle *est* l'univers. Elle est la réalité ultime. La conscience est pour ainsi dire le matériau constitutif du cosmos. C'est l'un des principaux concepts du Védanta. Pour le comprendre et l'assimiler correctement, il faut du temps, des efforts et une étude approfondie, comme pour toute étude.

Les trois phases de l'étude du Vedanta

L'étude de la connaissance du Soi se divise en trois étapes que l'on appelle respectivement *shravana, manana* et *nidhidhyasana* : écouter l'enseignement, clarifier ses doutes à propos de l'enseignement et assimiler l'enseignement.

Shravana

Littéralement, ce mot signifie « entendre ». La première étape consiste donc à entendre l'enseignement. Il n'est pas dit « lire » mais « entendre ». Pourquoi ? Parce qu'entendre implique l'existence d'un gourou. Et les Écritures stipulent qu'il est essentiel d'avoir un gourou vivant quand on s'intéresse à la connaissance du Soi. Une étude convenable des textes suit une approche systématique, commençant avec la définition des différents termes et et se terminant par l'énoncé de la vérité ultime : *jivatma-paramatma aikyam* : la conscience qui est l'essence de l'individu et la conscience qui est l'essence de Dieu (ou de l'univers) sont une seule et même conscience. Un élève qui commencerait l'étude des mathématiques par le calcul aurait-il la moindre chance de succès ? Non. De même, nous devons commencer l'étude du Védanta par le commencement.

Seul un gourou est capable d'évaluer le niveau de chacun des élèves et sa compréhension des différents points de l'enseignement. La relation entre le gourou et l'élève ne se limite pas aux heures de cours. En effet, selon la tradition, les disciples vivent dans l'ashram de leur maître. Celui-ci peut ainsi facilement repérer leurs faiblesses et leurs forces et en tenir compte dans son enseignement.

Comme nous l'avons déjà dit, la connaissance du Soi est le plus subtil des sujets d'étude. Elle est « plus subtile que le plus subtil. » C'est pourquoi l'étude du Soi doit devenir partie intégrante de notre existence quotidienne. On ne peut définir exactement la durée des études car elle varie suivant le niveau de chaque élève mais, en général, il faut compter au moins une bonne douzaine d'années, lorsque l'on est guidé par un maître compétent. L'enseignement de notre gourou et celui des Écritures doivent devenir la trame de notre vie.

Amma dit que *shravana* n'est pas une écoute superficielle. C'est une écoute dans laquelle l'individu s'engage entièrement, de tout son être et de tout son cœur. Le mental du disciple s'identifie alors complètement au mental du gourou. Dans ce cas, les pensées qu'exprime le gourou prennent littéralement place dans l'esprit du disciple. N'est-ce pas cela l'essence de la communication ?

Il est dit que, pour être un gourou il faut, normalement, avoir été un disciple. C'est parce que l'on acquiert la connaissance du Soi en recevant l'enseignement d'un maître vivant. Et comment le gourou a-t-il acquis sa connaissance sinon en écoutant l'enseignement de son propre gourou ? Et d'où son gourou tenait-il son savoir ? De *son* gourou. Ces lignées de gourou à disciple, qu'on appelle *paramparas*, remontent à des siècles voire des millénaires. Il est dit que, en fait, toute lignée authentique vient de Dieu car, à chaque nouveau cycle de création, c'est Dieu lui-même qui devient le premier gourou et qui révèle l'enseignement sous la forme des Védas.

Mais Amma fait exception à la règle. Elle n'a jamais eu de gourou. Malgré tout, elle a toutes les qualifications requises pour conduire quiconque à la libération. D'abord, Amma est une *brahma nishta*, une personne qui a complètement assimilé la réalité ultime, la sienne et celle de l'univers, et qui est constamment établie dans la vérité. Ensuite, en dépit du fait qu'elle n'a pas reçu l'enseignement d'un gourou, Amma est tout à fait capable d'expliquer clairement la plus subtile des vérités spirituelles. Amma n'a jamais étudié ni la Bhagavad Gita ni les Upanishads, néanmoins, les idées qu'elle énonce, avec une grande clarté et une grande perspicacité, sont exactement les mêmes que celles que l'on trouve dans ces textes sacrés. Elle fait vraiment exception à la règle.

Ce n'est pas une raison pour nous croire exceptionnels. Les exceptions sont très rares. Quelqu'un l'a questionnée à ce sujet et elle répondu : « Une personne douée pour la musique peut très bien chanter tous les ragas traditionnels (gammes modales) sans les avoir appris. Mais imaginez quel serait le résultat si quelqu'un d'ordinaire prétendait les chanter sans les avoir appris ! Amma ne dit pas qu'un gourou est inutile. Elle dit simplement que de rares personnes, douées d'un niveau inhabituel de conscience et d'attention, n'ont pas besoin d'un gourou extérieur. »

Une plante peut miraculeusement pousser sur un rocher mais il serait absurde, de la part d'un fermier, d'y planter délibérément une graine.

Manana

Le deuxième pas dans l'acquisition de la connaissance véritable est *manana* : la clarification des doutes. Dans cette étape, seul un maître vivant peut apporter une aide extérieure au chercheur. Il est impossible de poser des questions à un livre. Si vous ouvrez les Écritures, vous verrez que la plupart des textes se présentent sous forme de dialogue entre un gourou et un disciple. *Manana* consiste à vérifier que nous avons compris et accepté absolument tout ce que nous avons étudié. L'objectif est d'arriver à une compréhension parfaite. L'élève devrait penser tout le temps à ce que le gourou lui a dit et à y réfléchir : « Tout cela est-il clair pour moi ? » Sinon, il devra demander de nouvelles explications au gourou. Les questions sont, non seulement encouragées, mais considérées comme essentielles. Un disciple devrait toujours tester les affirmations de son maître pour voir s'il y a des lacunes quelconques. Il devrait faire de sa vie un laboratoire d'expérience perpétuel et, à chacune de ses actions, vérifier la validité des principes qui lui ont été enseignés. Car on ne peut passer à l'étape suivante, *nidhidhyasana*, l'assimilation, que quand on est totalement satisfait de la rigueur de l'enseignement.

Cela étant dit, l'élève doit aussi avoir *shraddha*, foi et confiance dans les paroles du maître. Notre expérimentation doit être fondée sur l'idée que l'enseignement reçu est de source divine et qu'il est parfait. Il est tout à fait justifié de poser des questions, à condition de savoir que c'est notre incompréhension qui est en cause et non une erreur de l'enseignement. Les questions doivent provenir du désir d'apprendre, de mieux comprendre, et non de contester la logique du gourou ou des Écritures. Le disciple doit comprendre que le gourou sait infiniment plus de choses que lui et que, si confusion il y a, elle n'est due qu'à lui-même. Ce n'est malheureusement pas l'attitude la plus répandue.

Un ingénieur en informatique décide de s'engager dans l'armée. A la fin de la première semaine, on le conduit au terrain de tir et on lui tend un fusil chargé en lui donnant la consigne de tirer dix fois sur une cible située à l'extrémité du champ de tir. Après quelques tirs, on l'informe que chacune de ses balles a complètement manqué la cible. Notre ingénieur en informatique regarde le fusil, puis la cible, puis de nouveau son fusil. Ensuite, il met le doigt sur l'orifice de l'arme et appuie sur la gâchette. Le doigt est évidemment arraché par la balle. Il jure puis crie aux soldats qui sont à l'autre bout du champ de tir : « De mon côté tout va bien, les balles partent correctement ; le problème doit se situer de votre côté. »

Nous avons souvent, comme l'ingénieur, une logique défectueuse. Nous projetons, à tort, nos faiblesses, notre manque de conscience et nos erreurs de compréhension sur le gourou, ses paroles et les pratiques qu'il nous a prescrites. Nous sommes les seuls à souffrir d'un tel état d'esprit.

Comme nous l'avons mentionné dans le chapitre sept, Amma nous enjoint de nous mettre dans la peau d'un débutant. C'est particulièrement important quand nous posons des questions au maître. Quand nous lui demandons de clarifier nos doutes, que ce soit avec une attitude d'enfant et non avec l'intention de polémiquer. C'est la seule façon d'entendre les paroles du gourou et de les intégrer. Celui qui veut discuter n'écoute pas vraiment ce que dit le gourou. Il est trop occupé à préparer sa réponse. Le mental ne peut faire qu'une chose à la fois. Comment pourrions-nous écouter et chercher une réponse en même temps ?

Dans une étude rigoureuse du Védanta, nous commençons par supprimer les doutes qui se lèvent. Mais ensuite, il arrive souvent que le gourou nous pose des questions auxquelles nous n'aurions jamais pensé. Il peut même se faire l'avocat du diable et utiliser des arguments étrangers au Védanta pour s'assurer que nous avons bien compris l'enseignement. Répétons-le, nous n'en aurons fini avec *manana* que lorsque nous n'aurons plus aucun doute, plus aucune incertitude, à propos de *l'atma*. Nous serons alors prêts à aborder l'étape suivante : *nidhidhyasana*, l'assimilation des connaissances.

Nidhidhyasana

C'est l'une des étapes les plus mal comprises du chemin spirituel. Ce terme signifie assimiler intégralement l'enseignement et le mettre en pratique dans sa vie. Prenons l'exemple de l'apprentissage d'une langue étrangère, disons le malayalam. Le professeur décide : « Bon, aujourd'hui nous apprenons le mot « pustakam » qui signifie livre. Ecouter l'enseignant est *shravanam*. Eliminer tous mes doutes à propos de la prononciation de ce mot et apprendre à l'utiliser dans une phrase est *manana*. *Nidhidhyasana* consiste à affermir mon savoir de sorte que je pense automatiquement à un livre quand j'entends *pustakam* et que, chaque fois que je vois un livre, le mot *pustakam* me vienne à l'esprit. Si quelqu'un me tend un livre en me disant *pazham* (banane) ou une banane en me disant *pustakam,* je saurai immédiatement qu'il se trompe. Je pourrai alors dire que mon savoir a été bien assimilé.

La connaissance du Soi étudie la nature de notre propre Soi, l'*atma*. Nous avons vu en début de chapitre que, d'après les Écritures, notre être véritable est conscience éternelle et source de toute félicité. De plus, la conscience qui est en moi est la même que celle qui réside en tous les êtres, depuis la minuscule fourmi jusqu'à Dieu lui-même. Enfin, au niveau ultime, la conscience est le substrat de tout l'univers. Si nous avons assimilé ce concept, nous ne pouvons plus nous considérer comme un corps, un mental et un intellect. Nous devons penser que nous sommes conscience. Sachant que la conscience en nous et en autrui sont une seule et même conscience, ne considérons pas ceux, avec qui nous sommes en relation, comme distincts de nous mais uns avec nous. Quand nous regardons le monde qui nous entoure, nous voyons toujours des arbres, des rivières, des bâtiments, des animaux, des voitures, des montagnes, etc. Mais rappelons-nous constamment qu'ils ne sont, par nature, que conscience. Cela transparaîtra dans nos pensées, nos paroles et nos actions.

Un gourou voyage à pied avec une quarantaine de disciples. Ils sont habillés, comme le gourou, de vêtements et châles blancs. Ils ont, comme lui, les cheveux et la barbe fraîchement rasés. Rien dans leur apparence ne les distingue du gourou.

Quelques heures avant le coucher du soleil, les disciples et leur maître font une pause. Ils s'asseyent pour boire une tasse de thé. A ce moment-là, apparaît un voyageur sur la route. En arrivant à proximité du champ où ils sont installés, il s'arrête pour les observer. Puis, soudain, il s'avance vers le gourou et se prosterne, de tout son long, à ses pieds. Le gourou se penche vers lui pour le bénir de la main. L'homme se relève, prend congé et continue son chemin.

La scène étonne l'un des disciples. « Nous sommes tous habillés de la même manière, se demande-t-il. Nous avons tous la tête et la barbe rasées. Quand cet homme est arrivé, nous ne montrions aucun signe de dévotion envers le maître. Comment a-t-il fait la différence entre lui et nous ? » La question le taraude tellement qu'il pose son verre et court à la poursuite du voyageur. Le jeune moine rejoint le voyageur et lui pose la question. Celui-ci sourit et répond : « Quand je vous ai vus, j'ai tout de suite compris que vous étiez des moines mais, bien sûr, je ne savais pas qui d'entre vous était le gourou. Je vous ai observés en train de boire le thé et je n'ai rien perçu de particulier. J'ai seulement vu un groupe d'hommes qui savouraient une tasse de thé. Mais quand mon regard est tombé sur votre gourou, j'ai vu un spectacle totalement différent. Il tenait sa tasse comme une mère son enfant. On aurait dit qu'il n'avait pas de plus cher objet au monde que cette tasse. On aurait dit qu'il tenait dans sa main, non pas un objet inanimé, mais Dieu lui-même, incarné dans un gobelet de métal. Il m'est apparu évident que c'était lui votre gourou et c'est pourquoi je suis allé me prosterner à ses pieds. »

Quand nous avons parfaitement assimilé la connaissance du Soi, elle nous transforme radicalement. En effet, si nous considérons qu'autrui ne fait qu'un avec nous, contre qui nous mettrons-nous en colère ? De qui serons-nous jaloux ? De qui aurons-nous peur ? Les Écritures l'expriment ainsi :

yastu sarvāṇi bhūtānyātmanyevānupaśyati |
sarva-bhūteṣu cātāmānaṁ tato na vijugupsate ||

Celui qui voit tous les êtres dans le Soi et le Soi dans tous les êtres ne ressent plus de haine.

Isa Upanishad 6

Dans son commentaire, Shankaracharya dit : « Ce n'est qu'une autre façon d'énoncer un fait bien connu. L'expérience nous apprend que, si l'on éprouve de la répulsion pour quelque chose, c'est qu'on la considère comme mauvaise et différente de soi-même. Pour celui qui ne voit que le Soi absolument pur en tout, il n'existe rien qui puisse engendrer de la répulsion. La haine lui est donc inconnue. » De même, si nous savons que nous sommes éternels par nature, comment pourrions-nous redouter la mort ? Mieux encore, si nous savons que la source de toute béatitude est en nous, pourquoi poursuivrions-nous les divers plaisirs qu'offre le monde ? Nous serons comblés et satisfaits de ce que nous avons. Nous nous procurerons ce qui est nécessaire au corps : la nourriture, l'eau, un abri, etc., mais nous ne rechercherons plus une source extérieure de plaisir, de sécurité, de bonheur ou de paix. Nous serons, comme le dit Krishna dans la Gita, *atmanyevatmana tushtah,* satisfaits dans le Soi par le Soi[3].

Beaucoup de gens croient, pour diverses raisons, qu'assimiler la vérité exige de méditer vingt-quatre heures sur vingt-quatre, voire de s'enfermer dans une grotte de l'Himalaya. C'est faux. Nous pouvons, certes, pratiquer *nidhidhyasana* en posture de méditation, les yeux fermés, mais aussi bien dans la vie quotidienne, au travail, en famille, avec nos amis, en mangeant, en marchant, en parlant. D'ailleurs, non seulement nous le pouvons, mais encore nous le devons, car tel est le message des Écritures : « Méditez constamment. » Nous avons vu, dans le chapitre huit, qu'Amma nous conseille de répéter notre mantra à chacune de nos respirations pour préparer le mental à ce constant *nidhidhyasana.*

Au stade de *nidhidhyasana,* nous nous attardons sur l'enseignement, nous l'habitons. Il est donc évidemment possible de fermer les yeux, d'entrer dans un état méditatif et d'affirmer mentalement les vérités spirituelles et leurs implications. Il est plus important de se concentrer sur certains points du Védanta pour les approfondir constamment que de s'attacher aux mots précis. Ce qui compte, c'est d'affirmer notre nature véritable : nous sommes la conscience omniprésente, éternelle, et bienheureuse, c'est de rejeter l'idée que

---

[3] Bhagavad Gita, 2, 55.

nous sommes limités au corps et au mental, mortels, malheureux, et c'est d'être habités par cette vérité. *Nidhidhyasana* prend fin quand notre changement d'identification est total et irréversible, quand nous cessons de nous prendre pour un corps, un mental et un intellect doués de conscience et que nous nous considérons comme étant la conscience dotée d'un corps et d'un mental. Cette prise de conscience doit saturer le subconscient.

Nous pouvons continuer à penser la même chose quand nous sommes en relation avec le monde. Cela devient le thème de notre vie, la musique de fond toujours présente à l'arrière-plan de notre tête. Une fois, quelqu'un a demandé à Amma s'il était possible de penser à Dieu quand on est en train d'accomplir une action. Nous étions assis près de la lagune et Amma a montré du doigt un homme, debout dans un canot rudimentaire, qui menait un groupe de canards au fil de l'eau. « Ce bateau est vraiment petit, dit-elle. N'empêche que cet homme maintient l'équilibre du bateau, rame avec un long aviron et conduit ses canards. Il accomplit trois choses en même temps. Quand les canards font mine de s'écarter, il frappe la surface de l'eau de la rame pour les rappeler près de lui. Il fait une pause, de temps en temps, pour fumer une cigarette. Parfois, il évacue du pied l'eau accumulée au fond du bateau. Enfin, quand il croise des gens au bord de la rive, il échange quelques mots avec eux. Mais, quoi qu'il soit en train de faire, son mental est concentré sur le canot. Un seul instant d'inattention lui ferait perdre l'équilibre. Le bateau chavirerait et il tomberait à l'eau. C'est ainsi que nous devons vivre. Quel que soit le travail que nous effectuons, nous devrions avoir l'esprit fixé sur Dieu. Nous y parviendrons facilement avec de l'entraînement. »

En fait, quand nous intervenons dans le monde, nous pouvons utiliser les défis de la vie quotidienne pour mettre en lumière les vérités enseignées par le Védanta. Rappelez-vous que, si nous avons correctement assimilé l'enseignement, nos réactions seront conformes au Védanta, en toute situation. Vivons constamment en accord avec la vérité, enseignée dans les Écritures, concernant notre nature divine, la nature divine d'autrui et la nature divine du monde. Amma donne souvent l'exemple de la colère. Quand une personne se met en colère contre nous, voire nous insulte, pratiquons *nidhidhyasana* au lieu de réagir et de nous énerver à notre tour. Disons-nous : « Si le « je » qui est en moi est le même que celui qui est en lui, contre qui me mettrais-je en colère ? De toute façon, ses mots n'affectent pas mon être réel qui est *l'atma.* » Quand, pour une raison ou une autre, nous nous sentons seuls, disons-nous : « Si tout bonheur réside à l'intérieur de moi, pourquoi me sentirais-je seul et déprimé ? »

Chaque fois que nous avons une réaction mentale négative, utilisons les concepts du Védanta, que nous avons appris, pour la contrer et la détruire. Autrement dit, appliquons *nidhidhyasana* dans notre vie de tous les jours. Quand nous aurons bien assimilé l'enseignement, nous ne connaîtrons plus ni dépression ni peur, même le jour où le médecin nous annoncera une mauvaise nouvelle. Au contraire, nous puiserons force et courage dans la pensée que « ce corps n'est qu'un vêtement. Je l'ai enfilé et, maintenant, c'est l'heure de l'enlever. Je ne suis pas le corps, je suis éternel ! Je suis béatitude ! Je suis conscience ! »

Dans le chapitre cinq, nous avons énuméré les différentes variantes de *karma yoga* que nous pouvons pratiquer dans l'action. L'une de celles que préconise Amma consiste à se considérer comme l'instrument de l'action et non comme son auteur ou son bénéficiaire. A l'étape de *nidhidhyasana* de la vie spirituelle, on peut toujours adopter cette attitude quand on agit. *Nidhidhyasana* consiste à se souvenir, même en pleine activité, que nous ne sommes pas le corps, les émotions ni l'intellect, mais pure conscience. Donc, à ce stade, dans les moments d'activité, nous pensons la même chose que le karma yogi, à une petite différence près. Nous considérons le corps et le mental comme des instruments inertes en interaction avec l'énergie cosmique (« entre les mains du Seigneur ») mais nous savons que nous sommes, non pas le corps, le mental, l'énergie cosmique, mais la pure conscience, témoin de tous ces phénomènes.

Notre vie entière devient alors un test. Celui-ci est réussi chaque fois que notre réaction à une situation donnée est fidèle au Védanta. Et chaque échec est un rappel que nous avons encore besoin d'assimiler l'enseignement. Il ne suffit pas d'être en accord avec le Védanta sur le plan physique et sur le plan verbal. C'est important, certes, mais le plus important c'est le plan mental. Quand nous sommes insultés, nous sommes peut-être capables d'afficher un sourire, mais quelle est notre réaction intérieure ?

Il y a deux ans, les médecins ont découvert qu'un résident âgé de l'ashram souffrait d'un cancer en phase terminale. C'était un homme de 79 ans qui vivait à Amritapuri depuis 1987. Le diagnostic a surpris tout le monde. Les médecins lui donnaient, tout au plus, deux mois à vivre. On l'a installé dans une petite chambre de l'hôpital Amrita Kripa, qui fait partie de l'ashram, pour finir ses jours. Des centaines de résidents et de dévots sont venus lui faire de brèves visites d'adieu. La personne qu'ils venaient saluer à l'hôpital était un lumineux exemple de pratiquant du Védanta. C'était un homme gai, heureux, dont le seul souhait était de renaître au plus tôt pour pouvoir aider Amma dans ses œuvres caritatives. Il n'était préoccupé ni par sa maladie ni par son corps. Au contraire. « Cette maladie me donne une occasion parfaite de mettre en pratique l'enseignement d'Amma, affirmait-il. » Il a ainsi passé les deniers mois de son existence à accueillir joyeusement tout le monde et à réfléchir constamment sur la vérité suprême selon laquelle il n'était en aucun cas le corps.

A cet égard, dit Amma, la vie sert souvent de gourou. La vie nous teste, c'est vrai, mais Amma, elle aussi, nous lance parfois la balle pour voir où nous en sommes ! Je me souviens d'une Occidentale à qui Amma avait donné un nom spirituel.[4] Cette personne pratiquait l'enseignement que nous venons de décrire. Le nom qu'Amma lui avait donné était également évocateur du Védanta. Pour les besoins de ce livre, nous l'appellerons Sarvavyapini, ce qui signifie « Soi omniprésent ». Plus tard, Amma a décidé de donner ce même nom à quelqu'un d'autre. En apprenant cela, la première Sarvavyapini a vivement réagi. Très en colère, elle est venue voir Amma en pleurant. « Quand Amma m'a donné ce nom, a-t-elle dit, c'était comme un mariage entre elle et moi. Maintenant qu'elle a donné ce nom à quelqu'un d'autre, c'est comme une demande de divorce ! » Amma n'a pas pu s'empêcher de rire. Elle a expliqué aux personnes qui l'entouraient que cette fille pratiquait le « self-inquiry », une méthode d'investigation intellectuelle sur la nature du Soi, qui conduit normalement à considérer que le Soi est omniprésent et que le « je » en moi est le même « je » que celui de l'autre. Pourtant, quand Amma a donné le nom « Soi omniprésent » à quelqu'un d'autre, elle est sortie de ses gonds. Comment peut-il y avoir deux « Soi omniprésent » ? C'est impossible. Il lui fallait apparemment mieux assimiler ce concept.

On dit que l'enseignement a été totalement assimilé lorsqu'il n'existe plus aucune contradiction entre ce que l'on sait et ce que l'on pense, dit ou fait. Revenons à l'exemple de l'apprentissage d'une langue étrangère : on maîtrise la langue quand on la parle couramment et spontanément avec tout le monde. On n'a plus besoin de feuilleter son guide de conversation. On cesse de penser dans sa langue maternelle et de traduire ensuite ses idées dans la langue étrangère. Les mots sortent tous seuls, sans effort. Il doit en être de même avec la connaissance du Soi. D'ailleurs, quand

---

[4] Amma donne souvent aux Occidentaux, à leur demande, des noms sanscrits à connotation spirituelle.

quelqu'un maîtrise une langue étrangère aussi bien que sa langue maternelle, il rêve dans cette langue. De même, *nidhidhyasana* est censé aboutir à une conscience permanente de notre véritable nature, à l'état de veille comme dans le rêve. Elle devrait également persister dans le sommeil ! C'est l'expérience d'Amma : quand elle dort, elle regarde son mental en train de dormir.

Comment évaluer nos progrès

Il n'existe que deux critères, d'après Amma, qui permettent d'apprécier notre progrès spirituel : l'aptitude à rester serein dans une situation difficile et l'ampleur de la compassion qui jaillit de notre cœur devant la souffrance d'autrui. Ces deux points sont la conséquence directe d'une assimilation des deux principes de base du Védanta : premièrement, nous sommes, par essence, conscience et, deuxièmement, la conscience qui nous habite est aussi celle qui imprègne le reste du monde.

Si nous avons correctement assimilé le premier point, nous ne serons jamais stressés, quoi que la vie nous réserve. La banque peut faire faillite, des êtres chers peuvent nous abandonner, notre maison peut brûler, notre emploi nous être enlevé… Rien de tout cela n'entamera notre sérénité parce que nous aurons complètement assimilé le fait que notre être réel n'est ni le corps ni le mental mais qu'il est conscience éternelle et pure béatitude. Qu'importe-t-il à la conscience de ne pas avoir d'argent ? Que lui importe si le corps tombe malade et meure ? Que lui importe si la maison brûle ? La conscience est éternité, absolu et béatitude. Rien ne peut l'affecter. Si nous parvenons à nous identifier complètement à la conscience, nous ne serons jamais déstabilisés dans l'adversité. Notre aptitude à garder notre calme au milieu de l'enfer est directement proportionnelle à notre degré d'assimilation de la vérité.

Si nous avons bien assimilé le second point, à savoir : la

conscience en nous-mêmes et en autrui est la même, nous éprouverons de la compassion pour les autres. Amma donne souvent l'exemple suivant pour nous le faire comprendre. Imaginons que nous nous blessions la main gauche, la main droite vient immédiatement à son secours. Elle lave la blessure, applique de la pommade et fait un pansement. La main droite n'ignore pas la gauche : « Ce qui lui arrive ne me concerne pas ! » Non, la main droite sait qu'elle est inextricablement liée à la main gauche, qu'elles appartiennent toutes les deux au même être vivant et elle agit en conséquence. Ou encore, quand nous nous mettons le doigt dans l'œil, nous n'arrachons pas le doigt. Nous nous en servons pour frotter l'œil et calmer la douleur. Ainsi, quand nous avons assimilé le concept que nous ne faisons qu'un avec tous les êtres, il s'ensuit que nous ressentons spontanément leurs chagrins et leurs joies comme nôtres. Plus nous éprouvons de compassion envers ceux qui souffrent, plus nous avons assimilé cette vérité. C'est ce que Krishna explique à Arjuna dans la Bhagavad Gita :

ātmaupamyena sarvatra samaṁ paśyati yor'juna |
sukhaṁ vā yadi vā duḥkhaṁ sa yogī paramo mataḥ | |

O Arjuna, le yogi par excellence est celui qui considère le plaisir et la peine autour de lui comme siens.

Bhagavad Gita 6. 32

Amma dit qu'une part du travail d'assimilation consiste à nous conduire conformément au Védanta, au moins *extérieurement*. Même si nous ne ressentons pas de compassion, agissons avec compassion. Même si nous ne ressentons pas vraiment le chagrin de quelqu'un, faisons comme si, et aidons-le de notre mieux. Agir pour autrui, dit Amma, va progressivement entraîner l'ouverture de notre mental. Il ne fait aucun doute qu'Amma a créé toutes ses activités caritatives, en partie, dans ce but. Amma veut aider les pauvres, les malades, les malheureux, mais elle cherche également à donner à ses disciples et à ses fidèles l'occasion de transformer leur mental par le bénévolat.

Action ou inaction

Une erreur répandue consiste à croire que la pratique de *jnana yoga* suppose de renoncer à l'action. Cette fausse croyance a toujours existé. Dans la Gita, Krishna est très clair :

kim karma kim-akarmeti kavayo'pyatra mohitāḥ |

Qu'est-ce que l'action ? Qu'est-ce que l'inaction ? Même les sages ont du mal à répondre à cette question.

Bhagavad Gita 4. 16

Krishna explique ensuite le sens de l'expression « renoncer à l'action ». Il ne faut pas la prendre au pied de la lettre et s'abstenir d'agir. Krishna veut dire qu'il faut renoncer à l'idée que l'on est un organisme composé d'un corps et d'un mental. Le verset suivant, plutôt énigmatique, précise ce concept :

karmaṇya-karma yaḥ paśyedakarmaṇi ca karma yaḥ |
sa buddhimān-manuṣyeṣu sa yuktaḥ kṛtsna-karma-kṛt | |

Le vrai sage voit l'action dans l'inaction et l'inaction dans l'action. C'est un yogi et il accomplit toute chose.

Bhagavad Gita 4. 18

Celui qui possède la connaissance spirituelle sait que, même si le corps agit et que le mental pense, la conscience, qui est sa vraie nature, reste constamment inactive. A l'opposé, il sait aussi que quelqu'un d'apparemment inactif, endormi, immobile ou en train de méditer, n'a pas forcément transcendé l'action s'il s'identifie encore au corps et au mental. Pour clore le sujet de l'absence d'action dans la vie spirituelle, Krishna dit :

karmaṇyabhipravṛttopi naiva kiṁcit-karoti saḥ | |

Le sage accomplit des actions mais, en réalité, il n'agit pas.

Bhagavad Gita 4. 20

Croire que l'aboutissement de la vie spirituelle consiste à rester assis dans un état catatonique ou à n'être qu'un bon à rien d'une manière générale, est un malentendu contre lequel, toute sa vie, Amma s'est efforcée de lutter. Ainsi, dans ses discours publics, elle se moque régulièrement des soi-disant adeptes du Védanta qui proclament *aham brahmasmi* « je suis brahman » mais se plaignent quand leurs repas ou leur thé ne sont pas prêts à l'heure. Elle les traite de rats de bibliothèque. Non seulement leur savoir est purement livresque, mais en plus, leur hypocrisie va à l'encontre de l'esprit de ces mêmes livres. Car, comme le dit l'adage, le dire c'est bien, le faire c'est mieux.

Quiconque n'est pas guidé par un maître authentique devient une proie facile pour son ego malin et interprète les textes sacrés à sa convenance. Un prêtre est pris en flagrant délit d'excès de vitesse. Quand l'agent de police s'approche de la fenêtre, le prêtre cite les Écritures : « Bienheureux le miséricordieux car il obtiendra miséricorde. » Le policier lui tend la contravention en disant : « Va, tes péchés te sont remis. »

Celui qui connaît vraiment l'*atma*, dit Amma, est humble parmi les humbles car il voit le divin en toute chose. N'est-ce pas ce que nous voyons en Amma ? Pourquoi lance-t-elle des pétales de fleurs à tout le monde pendant le *Devi Bhava* ? Nous prenons cela pour une bénédiction mais, pour Amma, il s'agit d'un geste de vénération : elle offre des fleurs aux milliers de manifestations du divin qui défilent devant elle. Un journaliste lui a demandé si ses fidèles la vénéraient. Elle a répondu : « Non, au contraire, c'est moi qui les vénère. » En définitive, l'humilité d'Amma vient de sa compréhension du réel : « Non seulement je suis Brahman mais tous les autres le sont également ». C'est pour cette raison qu'elle se prosterne tout le temps : devant les choses qu'on lui offre, devant ses dévots et ses visiteurs, devant les verres d'eau qu'on lui tend, devant tout. Il y a, malheureusement, beaucoup de chercheurs à qui l'étude des Upanishads monte à la tête. Ce n'est pas la faute des livres sacrés mais celle des chercheurs. Amma plaisante parfois au sujet de ces soi-disant fidèles du Védanta. Il est aussi ridicule de les appeler « védantins » que d'appeler un homme boiteux Nataraja ou une femme qui louche Ambujaksi[5].

Un nouveau *brahmachari* a demandé à Amma s'il lui faudrait, un beau jour, décider d'arrêter d'agir ou si l'action cesserait d'elle-même. Je me rappelle l'une des choses qu'Amma lui a dites pour lui enlever son idée fausse : « Sri Krishna n'a jamais cessé d'agir, Amma non plus. Ce n'est pas à l'action qu'il faut renoncer mais à l'idée d'être le corps qui effectue l'action. »

Amma combat ces idées fausses par l'exemple plutôt que par les mots. Chacune de ses paroles, chacun de ses regards, chacun de ses gestes sont imprégnés de la connaissance suprême. Elle a la connaissance parfaite. Pour Amma, rien d'autre n'existe que la béatitude divine. Les montagnes, le ciel, le soleil, la lune, les étoiles, les personnes, les animaux, les insectes ne sont que différents rayons de lumière réfléchis par les facettes infinies du diamant de la conscience qu'elle sait être le Soi. Amma pourrait très bien, si elle le voulait, fermer les yeux et ignorer nos petites personnes pourvues d'un nom et d'une forme, ne pas leur atta-cher plus d'importance qu'aux nuages, à l'aspect constamment changeant, dans le ciel infini. Mais elle ne le fait pas et ne le fera jamais. Au contraire, elle descend au niveau de ceux qui n'ont pas encore acquis la connaissance. Elle nous serre dans ses bras, elle sèche nos pleurs, elle écoute nos problèmes et, lentement mais

---

[5] Noms indiens courants. Nataraja, l'un des noms du dieu Shiva, signifie « sei-gneur de la danse ». Ambujaksi, l'un des noms de Devi, signifie « celle qui a des yeux de lotus ».

sûrement, elle nous tire vers le haut. Pour Amma, ce ne sont pas des actions. Elle a beau consacrer chaque instant de son existence à aider l'humanité, Amma sait dans son cœur qu'elle n'a jamais rien accompli, qu'elle n'accomplit rien et n'accomplira jamais rien. Pour Amma, c'est cela le Védanta.

Chapitre dix

La libération de notre vivant et après

« Jivanmukti n'est pas un état qu'on atteint après la mort ni qu'on expérimente dans un autre monde. C'est un état de conscience et de sérénité parfaites dont on peut faire l'expérience ici et maintenant, dans ce monde, tout en vivant dans un corps. Les âmes bénies qui sont parvenues à connaître leur réalité ultime savent qu'elles ne font qu'un avec le Soi et n'ont pas à renaître, elles se fondent dans la conscience infinie. »

— Amma

Celui qui a entièrement intégré *atma jnana* (la connaissance du Soi) a atteint le sommet de la vie spirituelle et transcendé toute souffrance. Ayant compris qu'il est, non pas le corps, le mental et l'intellect, mais la conscience universelle, éternelle et bienheureuse, il n'a plus aucune raison de souffrir des multiples afflictions mentales qui sont la malédiction de l'humanité. Sachant que le Soi est la source de tout bonheur, que pourrait-il vouloir de plus ? Voyant toute chose comme le prolongement de son propre Soi, contre qui pourrait-il se mettre en colère ? De qui pourrait-il être jaloux ? Il ne se fait plus d'illusions sur le monde. Il devient libre et heureux pour toujours. Quand ce changement d'identification est définitif, il ne porte plus le même regard sur lui-même ou sur le monde. L'œil de la sagesse s'est ouvert et ne se refermera jamais plus.

Cela ressemble beaucoup à ces images où un dessin est caché à l'intérieur d'un autre dessin, celui d'une forêt par exemple. Au début, nous ne voyons que la forêt. En dépit de tous nos efforts, nous ne discernons pas le visage qui se dissimule parmi les arbres. Les personnes autour de nous ont beau nous dire : « Mais tu vois bien qu'il y a un visage ? Il est là, » nous ne voyons toujours qu'une forêt. Nous essayons encore et encore mais ne voyons toujours que des arbres. Soudain, un visage d'homme apparaît. Ensuite, chaque fois que nous regardons le dessin, ce visage nous apparaît entre les arbres. Quand un nouveau venu échoue à découvrir le visage, à notre tour, nous lui disons : « Mais c'est évident ! Il est là ! Ne le vois-tu donc pas ? » La réalisation du Soi est comparable à cette expérience. Une fois la connaissance intégrée, il est impossible de revenir en arrière. On est définitivement libre et en paix. On appelle cet état *jivanmukti* (libération au cours de la vie).

Jivanmukti est un changement de compréhension et non de vision physique. On continue toujours de voir le monde de la dualité : des montagnes, des rivières, des arbres, des personnes âgées, des jeunes, des hommes, des femmes, etc. Mais on se souvient à tout jamais que ces entités ne sont que des noms et des formes qui défilent sur le substrat éternel de la pure conscience. Tout à fait comme le dessin dans le dessin. Ce n'est pas parce que l'on voit le visage d'homme que l'on cesse de voir les arbres. Nous les voyons très bien mais le visage de l'homme, qui nous regarde, est là également. Amma compare souvent cette vision à celle de différents bijoux en or. Nous sommes en permanence conscients que nos bijoux sont en or mais cela ne nous empêche pas de nous rappeler la fonction de chacun d'eux et de mettre la bague au doigt, le bracelet au poignet ou à la cheville, le collier au cou, les boucles d'oreilles à l'oreille. De plus, sachant qu'ils sont tous en or, donc précieux, nous y faisons très attention. N'est-ce pas ainsi qu'Amma se comporte avec nous ? Elle nous voit tous comme des êtres différents et elle a une relation différente avec chacun, en fonction de sa personnalité et de son état mental. En même temps, elle voit aussi que chacun de nous est en or et également précieux. C'est ainsi qu'un *jivanmukti* voit le monde qui l'entoure. Le verset suivant de la Bhagavad Gita décrit la façon dont le *jivanmukti* voit la réalité. On le récite traditionnellement avant les repas :

brahmārpaṇaṁ brahma havirbrahmāgnau brahmaṇā hutaṁ |
brahmaiva tena gantavyaṁ brahmakarma samādhinā ‖

L'instrument de l'oblation est Brahman. L'offrande est Brahman, offerte par Brahman, dans le feu de Brahman. Ceux qui ne voient que Brahman en toute action le connaîtront vraiment.

Bhagavad Gita 4. 24

Prenant l'exemple d'un rituel védique, ce verset montre merveilleusement bien que chaque composante de l'action est, en essence, pure conscience : l'instrument de l'action (ici, la cuiller qui verse l'offrande), l'objet même de l'action (l'offrande), le sujet de l'action (celui qui effectue le rituel), le lieu de l'action (le feu sacrificiel qui reçoit l'offrande) et le résultat de l'action (les mérites obtenus grâce à l'offrande). Nous devons étendre cette façon de voir à tous les instruments d'action, à toutes les raisons d'agir, à tous les sujets, à tous les lieux d'action et à toutes les conséquences des actions, autrement dit à tout ce qui se passe dans l'univers. Nous récitons ce verset avant de manger. C'est une manière de s'entraîner à *nidhidhyasana* (assimilation) : nous nous rappelons que la cuiller est Brahman que celui qui mange est Brahman, que le système digestif est Brahman, et que la satisfaction éprouvée pendant le repas est également Brahman. Il y a des millions de gens à travers le monde qui récitent ce mantra avant de se mettre à table, mais combien pensent à sa signification réelle ? Il suffit de psalmodier ce genre de mantras avec un peu de conscience pour qu'ils se révèlent être de puissants rappels de notre nature glorieuse.

Un exemple a suivre

L'un des plus grands privilèges dont jouissent les enfants d'Amma, c'est d'avoir sous les yeux l'exemple vivant d'un être réalisé. Nous pouvons voir en chacune des paroles d'Amma, en chacun de ses gestes, un rappel du but ultime de la vie et une source d'inspiration. Un enfant élevé dans un milieu où personne n'a jamais réussi aura du mal à croire que lui même peut arriver à quelque chose. Cependant, si quelqu'un issu du même milieu sort du lot et devient, disons président, il constitue du même coup, une source d'inspiration pour tous les autres. Cela rappelle le record du mile que Bannister a battu en 1954. Il était alors inimaginable qu'un athlète puisse courir un mile en quatre minutes. Or, après son exploit, beaucoup de coureurs l'ont rapidement égalé. Ne sous-estimons donc pas l'importance d'avoir un exemple vivant.

Le simple fait de *voir* un être éveillé est un facteur de transformation. Et c'est bien vrai. Quand nous voyons Amma et contemplons l'amour dont elle rayonne, la compassion de son sourire, la tendresse de son regard, un changement s'opère en nous. Parce qu'elle est la preuve vivante de ce que nous sommes potentiellement. Peut-on blâmer quiconque n'ayant pas encore rencontré un être tel qu'Amma de considérer que la réalisation du Soi est un mythe ?

Le comportement d'Amma est celui d'un être qui goûte pleinement les fruits d'*atma jnana* : elle n'éprouve ni colère, ni haine, ni jalousie, ni désirs égoïstes. Elle ne ressent, en toutes circonstances, que compassion envers tout être et toute chose, paix et béatitude. C'est le résultat direct d'une compréhension, limpide comme de l'eau de roche, de ce qu'elle et de ce qu'elle n'est pas.

La vraie liberté

En ce moment, les gens ont tout le temps le mot liberté à la bouche. Personne ne veut qu'on lui dise ce qu'il doit faire. Nous voulons aller et venir à notre guise. Nous voulons choisir nos vêtements, notre coupe de cheveux, nos amis, notre mari, notre épouse, nous voulons divorcer quand bon nous semble, etc. Nous pouvons appeler liberté cette possibilité de choisir. Mais s'agit-il d'une vraie liberté ? En y regardant de plus près, nous nous apercevons qu'en faisant des choix personnels, nous sommes, en fait, l'esclave de nos attirances et de nos aversions. Si le mental n'est pas notre être essentiel, n'est-il pas absurde de le laisser gérer notre existence ?

Comme Amma nous le fait remarquer, nous sommes peut-être libres d'agir en fonction de nos goûts personnels mais nous ne sommes pas libres de la manière dont nous accueillons le fruit de nos actes. Par exemple, nous sommes libres de nous coiffer en Iroquois, tête rasée et crête violette. Mais serons-nous libres de notre réaction quand on se moquera de nous ? Non, nous ressentirons de la tristesse, de la colère, de la gêne, etc. Nous n'avons pas la liberté d'éprouver de la joie quand nous sommes ridiculisés. Nous avons donc, dit Amma, une liberté limitée, dans le meilleur des cas. Un *jivanmukta*, lui, est libre, et de ses actes, et de la manière dont il accueille les résultats de ses actes.

Cela me rappelle une plaisanterie qu'avait faite Amma à propos de fidèles américains venus au *darshan* avec des crêtes sur la tête : « Les vieux d'aujourd'hui rient des coiffures farfelues des jeunes. De même, les jeunes rient des coiffures traditionnelles -- la *sikha* (longue mèche) par exemple -- arborée par certains hommes âgés. Mais tous, jeunes et vieux, rient des *sannyasins* à la tête rasée ! Dans la vie spirituelle, il faut devenir semblable à ces crânes rasés et renoncer à toute vanité pour faire la joie des autres. »

Nous ne pourrons nous dire libres que lorsque nous aurons atteint *jivanmukti* et cessé de nous identifier au mental. Nous ne serons plus dominés par les impressions du passé. Nous ne deviendrons pas pour autant des imbéciles incapables de nous souvenir que le feu brûle. En revanche, nous serons capables d'aborder chaque expérience avec spontanéité et sans idée préconçue. En observant des êtres qui ont atteint cet état, nous nous apercevons qu'ils n'ont aucun objectif personnel mais qu'ils cherchent à aider les autres et à donner au lieu de prendre. Auparavant, ils travaillaient pour gagner de l'argent, maintenant, ils travaillent pour autrui. Avant, ils adhéraient au *dharma* car cela faisait partie du chemin spirituel. Maintenant, ils y adhèrent pour donner l'exemple, guider l'humanité et apporter la paix et la joie aux autres. Voici la description qu'en donne Krishna :

saktaḥ karmaṇyavidvāṁso yathā kurvanti bhārata |
kuryādvidvāṁstathāsaktaḥ cikīrṣurloka-saṁgraham | |

Ceux qui ne sont pas éveillés agissent en fonction de leurs attachements, ô Arjuna. Ceux qui sont éveillés doivent agir, non par attachement, mais par désir de servir le monde.

Bhagavad Gita 3. 25

Amma dit qu'elle a toujours été consciente de sa nature véritable et cela se vérifie dans tous ses faits et gestes. Personne n'a jamais mené une existence aussi conforme au *dharma* que la sienne. Petite fille, elle rendait déjà service aux pauvres et aux malades, elle ne prenait que le minimum pour donner le maximum. Et maintenant, elle consacre sa vie toute entière, non seulement à donner des *darshans* individuels, mais également à diriger une organisation internationale de bénévolat. Elle est responsable d'hospices, d'hôpitaux, d'orphelinats, de foyers de personnes âgées, d'institutions scolaires. Elle a entrepris de reloger des sans-abri, de mener des actions à but social et sanitaire, de venir en aide aux victimes de catastrophes naturelles... La liste de ses œuvres est infinie. Aucune d'elles ne doit le jour à un manque intérieur qu'Amma chercherait à combler par des bonnes actions mais plutôt à un désir désintéressé de servir d'exemple au monde. C'est ainsi qu'un *jivanmukta* passe le restant de son existence : dans la béatitude, à servir et à faire évoluer ses frères humains. Ce n'est pas parce qu'on a définitivement compris que le bonheur qu'on attendait du monde extérieur provient en fait de son être intérieur qu'on va cesser d'agir. On va simplement cesser d'agir dans le but d'être heureux. Quand on s'est rendu compte qu'un stylo n'est pas un porte-plume mais un stylo à encre, continue-t-on d'en tremper la pointe dans l'encrier ? Non, bien sûr ! Pourtant on continue d'écrire. Un *jivanmuka* fait de même.

Videha mukti

Les Écritures nous apprennent qu'un *jivanmukta* atteint *videha-mukti* à la fin de sa vie. Ce mot signifie « être libre du corps ». Pour bien comprendre ce que cela implique, examinons d'abord ce qui se passe à la mort de ceux qui *n'ont pas* réalisé le Soi.

D'après l'enseignement des sages et des saints, les existences présentes et futures qui échoient à un être humain, correspondent aux actions qu'il a accomplies. Chaque action, dit Amma, a deux conséquences, l'une visible, l'autre invisible. La première suit les lois de la société, de la nature, de la physique, etc. La seconde suit des lois plus subtiles et dépend de la motivation qui nous fait agir. Si nous avons une motivation généreuse, désintéressée, le fruit invisible correspondant sera *punya*, un résultat positif. Si nous avons une motivation vile, égoïste, nuisible pour autrui, il sera *papa*, négatif. Les résultats visibles se produisent relativement rapidement. En revanche, les résultats négatifs sont imprévisibles. Ils se manifesteront en temps voulu, peut-être au cours de cette vie-ci, peut-être dans la prochaine, sous forme de situation favorable ou défavorable.

Je vais vous donner un exemple. Je pousse un homme. Il bouge suivant le trajet de la force que j'ai appliquée, c'est le résultat visible. Disons maintenant que je pousse un homme et le fais tomber d'un train avec le désir de le blesser. Mon motif est vil et engendrera à coup sûr un résultat négatif qui se manifestera un jour ou l'autre. Peut-être quelqu'un me poussera-t-il hors d'un train dans une prochaine existence. En revanche, si je jette un homme hors du train pour lui sauver la vie parce que le train est sur le point d'exploser, il s'agit d'une action généreuse qui entraînera une conséquence positive en son temps. Peut-être quelqu'un me sauvera-t-il d'un danger.

Amma dit que tout ce que nous accomplissons au cours de notre existence est enregistré : « Toutes nos pensées, tous nos actes, s'inscrivent sur une enveloppe subtile qui entoure notre être, comme sur une bande magnétique. Tout ce qui s'est imprimé pendant la vie d'un *jiva* (individu) détermine sa nouvelle incarnation. Il rejouera, au cours de celle-ci, les conséquences des actes enregistrés. »

Ces actions enregistrées sont classées en trois catégories : le *prarabdha karma*, le *sancita karma* et l'*agami karma*. Le *sancita karma* est l'ensemble du karma accumulé, bon ou mauvais. Il garde la trace de toutes nos actions accomplies au cours d'innombrables existences. Le *prarabdha karma* est la partie de notre *sancita karma* (réserve de karma) qui arrive à échéance dans cette existence-ci. Le *prarabdha karma* détermine le lieu de notre naissance, l'identité de nos parents, nos frères et sœurs, notre apparence physique, etc. Il détermine également la date et la cause de notre mort. Et enfin, les résultats des actions que nous commettons dans la présente vie constituent l'*agami karma*. Nous ferons l'expérience de certains d'entre eux avant notre mort et les autres s'ajouteront à notre réservoir de karma, *sancita karma*.

Tout bien considéré, on s'aperçoit qu'il s'agit d'un cycle sans fin. On ne peut envisager d'épuiser son karma car on en crée constamment du nouveau. L'expression « brûler son karma » est donc incorrecte. Le parcours d'une âme non éveillée est un enchaînement éternel de naissances et de morts qu'on appelle le cycle du *samsara*.

Le *jivanmukta* est cependant capable de transcender le karma. Le cycle continue mais lui-même sort du cycle, en quelque sorte, car il ne s'identifie plus au corps, au mental ni à l'intellect. Il s'identifie à la conscience. Il n'y a pas d'ego dans la conscience, il n'y a pas de sentiment d'être une individualité séparée qui fait ceci ou cela, qui jouit de ceci ou de cela. *Punya* et *papa*, le péché et le mérite, n'existent que du point de vue de l'ego. Donc, juste après la réalisation du Soi, on cesse d'augmenter son karma.

Contrairement à nous, un *jivanmukta* ne renaît pas. Il était déjà identifié à la conscience universelle de son vivant et n'a nulle part où aller après la mort. Il se fond simplement dans la réalité suprême qu'il sait être sienne. Même si son *sancita* karma s'accumule depuis plusieurs millénaires, celui-ci ne trouve personne à viser. La cible a disparu. Quand on se réveille, doit-on payer les intérêts de l'emprunt que l'on a contracté dans son rêve ? Non, bien sûr. Il en va ainsi pour le *jivanmukta* : à sa mort, il n'a plus de *sancita karma*.

Il ne reste que le *prarabdha* karma. D'après les Écritures, le *jivanmukta* continuera d'expérimenter son *prarabdha* karma jusqu'à la fin de sa vie. Amma nous explique ce concept en prenant l'exemple d'un ventilateur qui continue de tourner encore quelque temps après qu'on l'a éteint. C'est notre *prarabdha* karma qui, en réalité, nous fait vivre. C'est plus ou moins lui qui détermine l'heure et la cause de notre mort. Nous expirerons quand il sera épuisé. Mais, du fait de son identification à la conscience, et non au corps, un *jivanmukta* n'est pas tellement affecté par le *prarabdha*. La souffrance physique est simplement une souffrance physique qu'il doit endurer. Et le fait de savoir qu'il n'est pas le corps diminue sa souffrance. De plus, il a la capacité de dissocier le mental des organes des sens.

Regardons la vie que nous menons et nous nous apercevrons que la souffrance physique n'est pas la pire. Plus douloureuse est la souffrance morale qui l'accompagne : la peur, le stress et le souci. Imaginons, par exemple, que nous soyons agressés dans la rue en rentrant chez nous après le travail. L'agresseur nous frappe à la tête et nous vole notre portefeuille. La douleur physique n'est pas si terrible que cela. Nous irons mieux dans quelques jours. Mais la peur causée par l'agression peut durer des années, voire notre vie toute entière. Autre exemple : nous apprenons que nous sommes atteints d'une maladie mortelle. Même si nous ne souffrons encore d'aucun symptôme sérieux, nous sommes déjà en proie à la peur et cette anxiété nous gâche chaque minute de l'existence. Le *jivanmukta*, lui, ressentira la souffrance physique au moment où elle se manifestera mais pas d'appréhension ni de peur.

En considérant le *prarabdha* sous un autre angle, on peut également dire que le *jivanmukta* n'a pas de *prarabdha karma*. Qu'est-ce qui permet d'affirmer une chose pareille ? C'est que le *jivanmukta* ne se prend en aucune manière pour le corps. Il sait qu'il est la conscience et la béatitude éternelles. La conscience n'a pas de *prarabdha karma*, elle n'en a jamais eu et elle n'en aura jamais. Pour un être qui s'identifie désormais à *l'atma*, les mots de libération et d'attachement n'ont plus de sens. Cela semble étrange mais, dans l'état d'*atma jnana,* on se rend compte qu'on n'a jamais été attaché. On ne pourra jamais attacher la conscience. Seul le mental était prisonnier mais le *jivanmukta* ayant compris qu'il n'était pas le mental a compris du même coup qu'il a toujours été libre. A cet égard, seuls ceux qui n'ont pas encore atteint la réalisation du Soi font une différence entre *jivanmukti* et *videhamukti*. Celui qui connaît *l'atma* comprend qu'il est libre du corps, même si ce corps est toujours vivant. Pour lui, tous les corps sont semblables. Il ne s'identifie pas davantage à son corps qu'à celui des autres. Ce qu'il voit, c'est qu'il n'est pas le corps et que tous les corps sont en lui. C'est ce qu'Amma exprime dans cette phrase : « Les gens appellent cette forme visible Amma ou Mata Amritanandamayi Devi mais le Soi intérieur n'a ni nom, ni lieu de résidence. Il est omniprésent. »

Nous comprendrons cela un jour. Amma, à l'instar des Écritures, nous le promet. « Ce n'est qu'une question de temps, dit-elle. Certains ont déjà réalisé le Soi. Pour d'autres, la réalisation peut advenir d'un instant à l'autre et, pour d'autres encore, elle viendra plus tard. Ne croyez pas qu'elle ne viendra jamais sous prétexte qu'elle n'est pas déjà arrivée ou qu'elle ne se produira pas dans cette vie-ci. Il y a en vous une connaissance immense qui n'attend que votre permission pour se révéler. »

Rien n'est plus précieux que la présence et l'enseignement d'un *satguru* vivant tel qu'Amma. De ce fait, la grâce nous habite tous. Il ne tient qu'à nous de nous ouvrir plus ou moins à cette grâce. Ce qu'Amma entend par « permission » c'est notre sincérité, nos efforts pour nous mettre à son diapason, pour nous lier à elle, pour dissoudre notre égoïsme dans la volonté divine et le désintéressement. Ce faisant, nous trouverons en Amma un catalyseur qui accélèrera le processus de révélation de la connaissance et nous encouragera à progresser sur la voie éternelle.

| | oṁ lokāḥ samastāḥ sukhino bhavantu | |

*« Om. Puissent tous les êtres
de tous les mondes être heureux ! »*

Glossaire

ahimsa : pratique de la non-violence.

Amrita Niketan : orphelinat géré par le Mata Amritanandamayi Math, situé à Paripalli, district de Kollam, Kérala.

Amritapuri : nom de l'ashram principal d'Amma, situé à Parayakadav, commune d'Alappat, district de Kollam, Kérala.

anadi : sans commencement.

ananta : sans fin, éternel, infini.

anatma : ce qui n'est pas l'*atma*, ce qui est autre que le Soi, ce qui est soumis au changement.

anjali mudra : geste de salutation respectueuse avec les paumes de mains jointes, symbolisant un bouton de lotus.

aparigraha : ne pas amasser. Renoncer à ce qui n'est pas absolument nécessaire. C'est le dernier des cinq *yamas* de *l'ashtanga yoga* de Patanjali.

archana : prière composée de mantras. Dans le contexte de l'ashram d'Amma, c'est la récitation des 108 noms d'Amma suivie du Lalita Sahasranama.

Arjuna : l'un des personnages principaux de l'épopée du Mahabharata. Il est devenu disciple de Krishna et l'enseignement qu'il a reçu est compilé dans la Bhagavad Gita.

artharti bhakta : personne dont la dévotion se limite à prier Dieu d'exaucer ses désirs.

asteya : ne pas voler. C'est le troisième des cinq *yamas* de *l'ashtanga yoga* de Patanjali.

ashtanga yoga : « yoga aux huit membres ». Système de yoga élaboré par le stage Patanjali et composé de huit étapes.

avastha-traya viveka : conscience capable de discernement pendant les trois états du mental (la veille, le rêve et le sommeil profond).

Adi Shankaracharya : mahatma qui a restauré le système philosophique de l'Advaita Védanta. Il a, entre autres, commenté dix Upanishads, la Bhagavad Gita et les Brahma Sutras.

adityas : demi-dieux, enfants de Kasyapa et d'Aditi.

agami karma : mérites et démérites accumulés dans cette vie-ci.

akasha : l'élément espace.

arati : rituel consistant à offrir du camphre enflammé devant une statue, un portrait ou un mahatma. C'est également le nom du chant qui accompagne le rituel.

arta bhakta : personne dont la dévotion se limite à prier Dieu de la délivrer de ses tracas.

asana : étirement de yoga ou posture. Siège.

asuri sampat : défauts démoniaques.

ashram : monastère hindou dans lequel vivent un gourou et ses disciples. L'un des stades de la vie humaine.

atma : le Soi. La conscience bienheureuse, éternelle, omniprésente qui illumine le mental, le corps et l'univers.

atma-anatma viveka : capacité de distinguer l'*atma* (le témoin immuable) de ce qui n'est pas l'*atma* (tous les objets soumis au changement).

atma jnana : connaissance du Soi.

atma samarpanam : l'abandon au Soi.

atma puja : rituel effectué par Amma avant le Devi Bhava.

Bhagavad Gita : littéralement « le chant du Seigneur ». Texte composé de sept cents versets et présenté sous forme d'un dialogue entre Krishna et son disciple Arjuna. C'est l'un des trois textes de référence de l'hindouisme.

bhajan : chant religieux qui exprime la dévotion.

bhakti : dévotion.

bhava : un aspect du divin.

Bhuta Yajna : l'un des cinq *pancha maha-yagnas*. Rituel qui consiste à vénérer le divin inhérent à tout élément de la flore et la faune et à le protéger.

Brahma Sutras : Texte composé de 555 aphorismes et rédigé par le sage Véda Vyasa qui a conceptualisé et synthétisé l'enseignement des Védas sur la vérité ultime. C'est l'un des trois textes de référence de l'hindouisme.

Brahma Yajna : l'un des cinq *pancha maha-yagnas*. Rituel qui consiste à vénérer le gourou et les Védas.

brahmachari : disciple ou élève célibataire d'un gourou .

brahmacharya : célibat. L'un des cinq *yamas* de *l'ashtanga yoga* de Patanjali.

brahmacharya ashrama : la première étape de la vie consistant, selon la tradition védique, à vivre avec un gourou et à suivre son enseignement.

Brahman : la conscience omniprésente, éternelle et bienheureuse, qui imprègne chaque individu et l'univers entier. La réalité ultime selon la philosophie du Védanta.

brahmin/brahmana : un membre de la caste des prêtres.

Brhaspati : demi-dieu considéré comme le gourou de tous les demi-dieux.

buddhi yoga : « le yoga de l'intellect ». Terme utilisé par Krishna dans la Bhagavad Gita à propos de l'attitude du *karma yoga.*

chakra : littéralement « roue ». Les *chakras* sont des plexus subtils, décrits à l'origine dans les philosophies du yoga, de la *kundalini* et du *tantra.*

dama : le contrôle des sens.

darshan : « vision sacrée ». Obtenir une audience avec un dieu, un gourou ou un mahatma. Étreinte d'Amma.

deva : Dieu, demi-dieu.

Deva Yagna : vénérer Dieu dans les éléments et les forces de la nature. C'est l'un des cinq *pancha maha-yajnas.*

devata : demi-dieu.

Devi : la Déesse, la Mère Divine de l'Univers, manifestation féminine de Dieu.

Devi Bhava : darshan particulier dans lequel Amma adopte le costume et l'apparence de Devi.

daityas : démons, enfants de Kasyapa et Diti.

daivi sampat : qualités divines.

dharma : code de conduite qui prend en compte l'harmonie du monde, de la société et de l'individu.

dharana : concentration sur un objet. Sixième étape de l'*ashtanga yoga* de Patanjali.

dhyana : méditation. Septième étape de l'*ashtanga yoga* de Patanjali.

drg-drshya viveka : capacité de distinguer celui qui voit (le Soi) de ce qui est vu (le non Soi).

Ganesha : un aspect de Dieu représenté avec une tête d'éléphant, symbolisant, soit le Seigneur suprême, soit un demi-dieu chargé de supprimer les obstacles.

Gaudapadacharya : « grand gourou » d'Adi Shankaracharya et auteur d'un célèbre commentaire de la Mandukya Upanishad.

grhasta ashrama : deuxième étape de la vie, consacrée à la vie de famille, selon la tradition védique.

guru bhava : « rôle de gourou ». Fonctions d'un gourou qui consistent à enseigner et discipliner.

guru seva : servir autrui en suivant les instructions du gourou ou bien en offrant ses actions au gourou.

gourou : maître spirituel qui donne un enseignement à des disciples.

Guruvayurappan : statue de Krishna installée dans un temple du Kerala nommé Guravayur.

hatha yoga : étirements et postures physiques qui sont une préparation physique, mentale et énergétique à la méditation.

himsa : violence.

Hanuman : Personnage de l'épopée du Ramayana, représenté comme un singe divin entièrement dévoué au Seigneur Rama. Beaucoup le vénèrent comme un dieu.

ishwara pranidhanam : s'abandonner au Seigneur. C'est le cinquième *niyama* de l'*ashtanga yoga* de Patanjali.

japa mala : rosaire utilisé pendant la récitation d'un mantra pour faciliter la concentration et pour compter le nombre de répétitions.

jijnasu : personne douée de *jijnasa,* qui brûle du désir de connaître la Vérité/Dieu.

jivanmukta : personne qui a atteint le stade de *jivanmukti* : la libération, de son vivant, de toutes les afflictions.

jivatma-paramatma-aikya jnanam : savoir que la conscience individuelle et la conscience universelle sont identiques.

jnana : la connaissance, plus particulièrement au sujet de l'*atma.*

jnana yoga : apprentissage et assimilation des vérités spirituelles qu'un maître spirituel enseigne à un disciple.

jnanendriya : jnana + indriya (organe de connaissance), les organes des sens (oreilles, yeux, nez, langue et peau).

kabadi : jeu indien. Deux équipes occupent chacune la moitié d'un terrain et envoient à tour de rôle un « attaquant » dans le camp adverse. Celui-ci doit revenir dans son camp en retenant son souffle pendant toute la durée du parcours.

Krishna : une incarnation de Dieu, sous forme humaine, qui a vécu dans le nord de l'Inde, il y a environ cinq mille ans.

Krishna Bhava : darshan particulier dans lequel Amma adoptait le costume et l'attitude de Krishna.

kashaya : incapacité de s'absorber complètement dans la méditation à cause des désirs inconscients.

kottu kallu kali : jeu d'enfant similaire aux osselets.

karika : commentaire en vers.

karma : action.

karma yoga : envisager l'action et les résultats de l'action d'une manière particulière qui permet de transcender les attirances et les aversions.

karma yogi : personne pratiquant le *karma yoga.*

karmendriya : karma +indriya (organes d'action) : mains, jambes, langue, organes de reproduction et organes d'élimination.

laksya bodha : avoir le but constamment présent à l'esprit.

Lalita Sahasranama : litanie des 1000 noms de la Mère Divine décrivant ses vertus et attributs.

laya : sommeil, l'un des obstacles à la méditation.

loka samgraha : améliorer la situation du monde, la seule motivation qui fait agir un être ayant réalisé le Soi.

lila : jeu divin ; voir la vie comme un jeu et agir en étant détaché.

manana : la deuxième étape du *jnana yoga,* qui consiste à se débarrasser de tout doute par la réflexion et en posant des questions au gourou.

mantra diksha : initiation au cours de laquelle le gourou donne un mantra.

mantra : formule sacrée récitée dans le but d'accroître sa concentration mentale tout en priant.

Manushya Yajna : vénérer le divin qui est inhérent à chacun de nos frères humains. L'un des *pancha maha yajnas.*

Mahabharata : importante épopée écrite par le sage Veda Vyasa. La Bhagavad Gita en fait partie.

mahatma : maha + atma (grande âme), gourou, saint, sage, etc.

ma : syllabe symbolisant l'amour divin, utilisée dans la méditation Ma-Om qui est guidée par Amma.

manasa puja : accomplir un rituel mentalement.

marga : voie.

marmika : maître dans l'art de l'accu-pression.

maya : illusion, tout ce qui n'a qu'une existence temporaire, tout ce qui est changeant.

méditation Ma-Om : méthode de méditation élaborée par Amma, dans laquelle on synchronise l'inspiration et l'expiration avec les syllabes respectives ma et om.

méditation nirguna : méditation sur l'*atma*, le Soi sans attribut.

méditation saguna : méditation sur un objet concret.

méditation intégrée Amrita : appelée également technique IAM, c'est une méthode de méditation synthétisée par Amma et enseignée dans le monde entier par le Mata Amritanandamayi Math.

moksha : libération.

mumukshutvam : désir intense de libération.

Narayana: l'un des noms du dieu Vishnou.

Nataraja : *nata* + *raja* (roi de la danse), l'un des noms du dieu Shiva.

nidhidhyasana : le troisième et final aspect du *jnana yoga*, consistant à assimiler le contenu de l'enseignement.

nisiddha karma : actions interdites par les Écritures.

nishkama karma : actions désintéressées.

niyamas : les devoirs d'un yogi. L'ensemble de ces devoirs constitue la deuxième étape de l'*ashtanga yoga* de Patanjali.

Om : syllabe sacrée, symbolisant à la fois Dieu avec forme et Dieu sans forme, l'essence des Védas.

padmasana : *padma* + *asana* (posture du lotus), posture de médiation dans laquelle les jambes sont croisées, chacune d'elles reposant sur la cuisse opposée.

pancha-maha-yajnas : les « cinq grands rituels » que, selon les Védas, tout laïc doit pratiquer quotidiennement jusqu'à l'étape du renoncement ou à la mort.

parampara : lignée, terme principalement utilisé à propos de la transmission de gourou en disciple.

Patanjali : sage, du premier ou deuxième siècle avant J.C., qui a rédigé les Yoga Sutras ainsi que d'autres textes importants de grammaire sanscrite et d'*ayurveda* (médecine traditionnelle indienne).

pada puja : rituel consistant à honorer les pieds d'un *mahatma* (qui symbolisent la connaissance du Soi) en les lavant avec diverses offrandes : du lait, du beurre clarifié, de l'eau de rose, du miel, du yaourt, de l'eau de noix de coco.

papa : démérite causé par des actions égoïstes qui ont nui à autrui.

pitham : siège sacré sur lequel, selon la tradition, s'assoit un gourou.

Pitr Yajna : faire des offrandes aux ancêtres disparus et honorer ses aînés, l'un des *pancha maha yajnas*.

pranam : se prosterner, ou joindre les mains dans un *anjali mudra*, ou encore toucher les pieds de la personne qu'on veut honorer, en signe d'humilité et de respect.

prasad : offrande consacrée ; toute nourriture donnée par le gourou.

pratyahara : retrait des sens du monde extérieur ; la cinquième étape de l'*ashtanga yoga* de Patanjali.

prana : la force vitale, le souffle.

prana vikshana : observer la respiration.

pranayama : *prana* + *ayama* (allongement du souffle). Méthode de contrôle de la respiration utilisée dans un but thérapeutique ou comme technique de concentration préalable à la méditation. C'est la quatrième étape de l'*ashtanga yoga* de Patanjali.

prarabdha karma : résultat de ses actions passées qu'on doit expérimenter dans cette vie-ci.

punya : mérite, résultat subtil des actions passées qui ont été effectuées avec une intention généreuse, dans l'intérêt d'autrui.

puja : rituel exprimant la dévotion.

pièce de puja : pièce réservée à la pratique des rituels et de la méditation.

Ranganathan : une statue du dieu Vishnou installée à Tiruccipalli (Tamil Nadu).

Raman Maharshi : mahatma du Tamil Nadu (1879-1950).

rasasvada : *rasa* + *asvada* (goûter la béatitude), l'un des obstacles à la méditation.

raga : gamme modale de la musique classique indienne. Attachement.

rishi : maître réalisé, terme faisant souvent allusion aux premiers sages qui ont énoncé les mantras et les vérités védiques.

sadguru : maître spirituel éveillé.

sahaja samadhi : « *samadhi* naturel », le mental est absorbé dans la conscience en permanence. Cet état provient de la réalisation que toute chose est, en essence, conscience.

sagarbha pranayama : récitation de mantras synchronisée avec la respiration.

sakama karmas : actions accomplies avec une motivation matérielle.

samskara : caractéristiques mentales innées qui viennent des vies précédentes. Rites de passage hindous.

sagarbha pranayama : synchroniser le souffle avec la récitation de mantras.

Sant Jnaneshwar : saint du treizième siècle qui vivait près de Pune et auteur d'un commentaire célèbre de la Bhagavad Gita.

sangha : communauté.

sankalpa : décision ayant un certain pouvoir. Concept.

sakha : ami.

samadhana : concentration sur une seule chose.

samadhi : le mental est totalement et spontanément absorbé dans l'objet de sa méditation. C'est l'étape finale de l'*ashtanga yoga* de Patanjali.

Sanatana Dharma : l'un des noms de l'hindouisme, signifiant « mode de vie éternel », une vie fondée sur le *dharma*. Ses principes sont éternels et universels.

sancita karma : le réservoir de karma à venir.

sandhya-vandanam : série de prières et de prosternations rituelles accomplies par les hindous orthodoxes, en particulier les brahmanes, au lever et au coucher du soleil.

sannyasa ashrama : quatrième et dernière étape de l'existence qui consiste, selon la tradition védique, à renoncer à toute relation et à devenir moine.

sannyasi : un initié à *sannyasa*. Moine.

santosham : le contentement. Deuxième des cinq *niyamas* de l'*ashtanga yoga* de Patanjali.

satsang : discours spirituel. Passer du temps auprès d'un saint, d'un sage ou d'autres chercheurs spirituels.

satya : la vérité. C'est le deuxième des cinq *yamas* de l'*ashtanga yoga* de Patanjali.

sadhana : moyen pour aboutir à ses fins ; pratique spirituelle.

sadhana cathstaya sampatti : les quatre qualifications requises pour obtenir la connaissance du Soi : *viveka, vairagya, mumukshutvam* et *samadi sadka-sampatti.*

Sadhana Pancakam : texte en vers qui énumère quarante instructions spirituelles écrites par Adi Shankaracharya.

sakshi bhava : se comporter en témoin, observer le monde extérieur et le fonctionnement mental.

sari : vêtement traditionnel des femmes indiennes.

seva : service désintéressé.

sutra : condensé de sagesse exprimé sous forme d'aphorisme.

svadhyaya : étude de Soi, c'est-à-dire l'étude des textes qui expliquent ce qu'est le Soi. C'est le quatrième *niyama* de l'*ashtanga yoga* de Patanjali.

sama : contrôle du mental.

samadi satka sampatti : les six qualifications qui commencent avec *sama : sama, dama, uparama, titiksha, shraddha, samadhana.*

sharira-traya viveka : distinguer l'*atma* des trois corps (grossier, subtil et causal).

saucham : propreté. C'est le premier *niyama* de l'*ashtanga yoga* de Patanjali.

shastra : texte sacré.

shasvata : éternel, sans fin.

Shiva : un aspect particulier de Dieu représentant, soit la force cosmique de dissolution, soit le Dieu suprême, selon le contexte. Conscience. Puissance bienfaisante.

shraddha : foi dans le gourou et les Écritures (en sanscrit). Vigilance dans l'action, les paroles et les pensées (en malayalam).

Shravana : recevoir un enseignement spirituel. La première étape du *jnana yoga.*

Shrimad Bhagavatam : le Bhagavata Purana, texte attribué à Veda Vyasa qui décrit les différentes incarnations du dieu Vishnou, y compris sous la forme de Krishna.

Shuka Muni : fils de Veda Vyasa qui était un être réalisé.

tabla : percussions indiennes.

tamas : guna (état) d'inertie, d'ignorance, de paresse.

tapas : austérité, le troisième *niyama* de l'*ashtanga yoga* de Patanjali.

titiksha : capacité de rester patient et serein en toute circonstance, le froid comme la chaleur, le plaisir comme la souffrance, etc.

Upadesha Saram : « Essence de la Sagesse », un texte consacré à la pratique spirituelle et au Soi, écrit par Ramana Maharshi.

Upanishad : enseignement védique qui explique la nature du Soi. C'est la partie philosophique des Védas.

uparama : suivre scrupuleusement son *dharma.*

Varuna Deva : demi-dieu qui régit les eaux, plus particulièrement les pluies et les océans.

vairagya : détachement, renoncement.

vanaprastha ashrama : le troisième stade de l'existence, selon la tradition védique, qui consiste à quitter son foyer pour mener une vie de méditation dans la forêt ou dans l'ermitage d'un gourou.

vasana : tendance mentale, latente ou manifeste.

Védas : les premiers textes de l'hindouisme qui sont au nombre de quatre : le Rig Véda, le Sama Véda, l'Atharva Véda et le Yajur-véda. Chacun d'eux est grossièrement divisé en quatre parties : *samhita, brahmana, aranyaka* et *upanishad* traitant respectivement de la récitation des mantras, des rituels, de la méditation et de la connaissance suprême. Les Védas n'ont pas été écrits par des humains. On dit qu'ils ont été révélés par le Seigneur à des sages en méditation profonde. A l'origine, les Védas se transmettaient oralement. Ils n'ont été recensés et mis par écrit qu'il y a cinq mille ans environ.

Veda Vyasa : sage qui a occupé une place très importante dans l'histoire de l'hindouisme. On lui attribue la compilation des Védas, la rédaction des Brahma Sutras, du Mahabharata, du Shrimad Bhagavatam et de nombreux autres textes hindous.

videha-mukta : être ayant atteint *videha-mukti,* libre du corps et du cycle éternel des renaissances.

vikshepa : agitation mentale, l'un des obstacles à la méditation.

Vishnou : une forme de Dieu représentant, soit le dieu suprême, soit une force cosmique de préservation, selon le contexte.

viveka : discernement, plus particulièrement capacité de distinguer l'éternel (le Soi) du non-éternel (le non Soi).

viveka buddhi : intellect purifié, capable de discernement.

yajna : rite védique ; forme de vénération ; une certaine attitude dans l'action qui aide à réaliser le Soi.

yama : activité proscrite. L'ensemble des *yamas* constitue la première étape de l'*ashtanga yoga* de Patanjali.

Yoga Sutras : Somme de 196 aphorismes, écrits par le sage Patanjali, qui définit l' *ashtanga yoga.*

yoga : unir, se fondre.

Yudishthira : l'aîné des vertueux frères Pandavas, héros du Mahabharata.

www.ingramcontent.com/pod-product-compliance
Lightning Source LLC
LaVergne TN
LVHW020352090426
835511LV00040B/3009